そのまま使えるモデル英文契約書シリーズ

第二版の発刊に寄せて

　JCAA は 2021 年に商事仲裁規則の改正を行いました。この改正では迅速仲裁手続がより利用し易い手続になるように、適用される紛争金額の上限額や手続期間についての定めを改めました。第二版では、この改正に基づき「III. 仲裁条項のドラフティング」の該当箇所の記載を修正しました。

　第二版の発刊にあたり、改めて監修いただいたアンダーソン・毛利・友常法律事務所の仲谷栄一郎弁護士に心より御礼申し上げます。

2024 年 5 月
日本商事仲裁協会（JCAA）仲裁・調停担当執行理事
山本　和彦

そのまま使えるモデル英文契約書シリーズ

はじめに

　人口減少が続く中、これまで国内市場のみを対象としてきた日本の中堅・中小企業であっても、ビジネスの維持・発展のためには、海外の旺盛な需要を取り込む必要がある。しかし、同じ文化に属する国内取引先と違って、海外企業との取引では思わぬトラブルが発生することがある。これは、早くから国際取引に乗り出してきた日本の大企業が経験してきたことであり、不慣れだったでは済まないほどの大きな損失を被った例も少なくない。これに対して、中堅・中小企業が国際取引において損失を被った場合、それを吸収するだけの体力がないおそれもある。

　先人が経験した苦い経験を繰り返す必要はない。これから国際取引に乗り出そうとする企業は、過去の経験に学び、国際取引に伴うトラブルに備えた適切な予防措置をとるべきである。すなわち、外国企業から示された英文契約書案にそのままサインするのではなく、日本企業の立場から様々な事態を想定し、相手方に対して逆提案をし、きちんとした交渉を経た上で契約を締結すべきである。とはいえ、国際取引に不慣れな企業にとって、自ら詳細な英文契約書を作成することは困難であり、またその作成を渉外弁護士に依頼した場合には高額な費用が発生する。

　そこで、JCAA では、これまで日本企業が当事者となった仲裁事件を処理してきた経験に照らし、国際取引に不慣れな中堅・中小企業が契約書を作成する際に参考にして頂くべく、本シリーズを発刊することとした。本シリーズでは、各条項の解説の随所で、その条項の説明にとどまらず、その条項が扱っている事項はどのような意味があるのかを自覚的に考えることができるように工夫している。なお、異なるモデル契約書に登場する類似の条項例や解説は必ずしも同一ではないが、趣旨は同じである。

　また、国内の取引では紛争解決はいずれかの地方裁判所での裁判により最終的には解決される旨を定めるのが当然と考えてきたかもしれないが、国際取引をめぐる紛争については、外国での裁判を飲まざるを得ないとすれば、それは外国語で外国訴訟法に基づく手続の末に外国人の裁判官が外国語で判決を下すことを意味する。他方、日本での裁判は相手方の外国企業が拒否することになろう。そのため、国際取引紛争の解決のためには仲裁が用いられることが多い。すなわち、日本人と外国人から構成される仲裁廷により最終的な解決を図るのである。本シリーズでは、JCAA ならではのこととして、仲裁条項のドラフティングについて詳しく説明している。

　本シリーズのモデル英文契約書が実際の契約書作成にあたり参考となれば幸いである。最後に、本シリーズの刊行にあたり、丁寧な監修により最新のモデル契約書に刷新して頂いたアンダーソン・毛利・友常法律事務所の仲谷栄一郎弁護士及び中川裕茂弁護士に厚く御礼申し上げたい。

2020 年 4 月

日本商事仲裁協会（JCAA）仲裁・調停担当執行理事

道垣内　正人

目　次

I. 総代理店契約（輸出用）の概要

II. Exclusive Distributorship Agreement (Export)（総代理店契約（輸出用））の条項例（英語、日本語）・解説

III. 仲裁条項のドラフティング

CD-ROM：総代理店契約（輸出用）契約書【英語、日本語】（MS-Word）

I. 総代理店契約（輸出用）の概要

1. 総代理店契約とは

（1）「代理店」とは

「代理店」「販売店」「販売代理店」などと呼ばれる当事者には、教科書的には Distributor と Agent があるとされる。Distributor とは独立した買主で、Supplier から物品を購入して顧客に販売する者で、Agent とは、Supplier と顧客との売買契約の締結を手助けするものである。Supplier と Distributor との間の契約は「売買契約」であり、Supplier と Agent との間の契約は「委任契約」または「準委任契約」である。中間的な形態もあるが、基本的にこのどちらに該当するかによって、契約条項が大きく異なる。

（2）「総」とは

代理店には、総代理店（独占的代理店：Exclusive Distributor）と、非独占的代理店とがある。「総」代理店を指名すると、供給者は、その地域において他の代理店を指名できなくなる。

（3）「販売店」「代理店」などの用語

教科書的には、Distributor を「販売店」と呼び、Agent を「代理店」と呼ぶのが正確だとされているが、これらの用語の明確な定義が法令・判例などにおいて確立されているわけではなく、また、実務上もそのように厳密に使い分けられているわけではない。したがって、契約書の中で、Distributor や Agent がどのような立場で、どのような権利・義務を有し、売買契約が誰と誰の間に締結されるのかなど、関係する当事者の法的な関係を明確に規定することが必要である。

一般に、英文契約書における用語については、「呼び名」や「訳語」だけで判断せずに、それがどのような意味を有するかを意識して、契約書に明記することが重要である。

2. 本条項例

本条項例は、我が国企業が外国企業を Distributor として指名する形態、すなわち、継続的に物品を代理店に輸出して代理店が顧客に販売するという形式を前提にする。

3. 総代理店契約のポイント

総代理店契約において注意すべきポイントは次のようなものである。

（1）代理店の義務

総代理店契約の場合、その代理店以外には販路がなくなるため、代理店にさまざまな義務を負わせて当方の製品の売り上げを確保する必要が高い。たとえば、競争品の取り扱い禁止義務とか最低購入義務などである。代理店側としても利害が大きくからむので、交渉が難しいこと

もある。また、（2）で述べる現地法の検討も必要である。

（2） 現地法

　　日本においては「代理店契約」に適用される特別な法律はないが、中東、中米および一部の欧州諸国などには代理店保護法が存在し、契約期間や解除が規制される可能性がある。また、現地の独占禁止法により、代理店に負わせる義務の範囲が制限される可能性もあり、現地の専門家に対し助言を求める必要もあり得る。

II. Exclusive Distributorship Agreement (Export)（総代理店契約（輸出用））の条項例（英語、日本語）・解説

■ Recitals ／前文

EXCLUSIVE DISTRIBUTORSHIP AGREEMENT (EXPORT)	**総代理店契約（輸出用）**
This Agreement, made and entered into this ＿＿ day of ＿＿ by and between ＿＿＿＿ K.K., a corporation duly organized and existing under the laws of Japan and having its principal place of business at ＿＿＿＿ , Japan (hereinafter called "Supplier") and ＿＿＿＿ , a corporation duly organized and existing under the laws of ＿＿＿＿ and having its principal place of business at ＿＿＿＿ , (hereinafter called "Distributor"),	日本国法に基づき設立され、現存する法人であり、その主たる事務所を日本国＿＿＿＿に有する＿＿＿＿株式会社（以下 "供給者" という）と＿＿＿＿国法に基づき設立され、現存する法人であり、その主たる事務所を＿＿＿＿に有する＿＿＿＿（以下 "代理店" という）との間に＿＿＿年＿＿月＿＿日に締結された本契約は、以下のことを証するものである。
WITNESSETH:	**記**
WHEREAS, Supplier is engaged in the manufacture and sale of certain products hereinafter defined, and WHEREAS, Distributor is desirous of importing from Supplier and reselling the said products in the territory hereinafter defined. NOW, THEREFORE, it is mutually agreed as follows:	供給者は、以下に定義される製品の製造および販売に従事しており、 代理店は、同製品を供給者から輸入し、以下に定義される地域において再販売することを希望している。 よって、以下のとおり合意される。

解説

前文には、①契約締結年月日、②当事者の名称および住所、③当事者（法人）設立の準拠法を記載する。当事者の名称、住所は正確に表示しなければならない。設立の準拠法は契約能力の有無や契約準拠法などの判断の基礎であるから、必ず記載する。準拠法が国法でなく州法の場合も

ある（例えば米国の法人）から注意しなければならない。

当事者の略称として、"供給者""代理店"の語を用いているが、各当事者の略称を用いることもある。

WHEREAS 以下の説明部分（前文）で、契約締結に至った理由や契約における対価関係（すなわち約因）を記す。なお、前文のない契約書もある。

■ **Definitions／定義**

| **Article 1　Definitions**　Unless otherwise specified in this Agreement: 1.1　"Territory" means _____ 1.2　"Products" means _____ 1.3　"Individual Sales Contract" means the individual and separate sale and purchase contract for Products to be made on the basis of this Agreement. "Individual Sales" means individual and separate sale and purchase transaction covered by Individual Sales Contract. | **第1条　〔定義〕**　本契約において、特段の定めがない限り、 1.1　"契約地域"とは、_____ をいう。 1.2　"契約製品"とは、_____ をいう。 1.3　"個別売買契約"とは、本契約に基づき締結される契約製品についての個々の分離された売買契約をいう。"個別売買"とは、個別売買契約に含まれる個々の分離された売買取引をいう。 |

解説

第1条　〔定義〕

契約書中において繰り返し用いられる語句であって、その意義を明確にしておく必要のあるものについては、契約書本文に入る前に定義条項を設け、ここにその定義を与えておくことが、一般的に行われている。

総代理店契約に定義条項を設けるとするならば、"契約地域"(Territory)、"契約製品"(Products)などについての定義を定めることが必要となる。契約地域には、独占的販売地域と非独占的販売地域を、それぞれ定めることもある。契約地域の定め方は、国、州などの行政単位で表されるのが通例となっている。The East Coast of U.S.A. などの不明確な表現は避けるべきである（米国の一部を地域とする場合は、各州名を具体的にあげる）。また、代理店の販売能力によって将来販売地域の拡張および、縮小をする権利を売主が保留しておくのもよい方法である。

契約製品の定義は、慎重に検討のうえ、厳密に規定する必要がある。さもないと、後日紛争の原因となるおそれがある。通常は、製品の型番などをも併記して、定義の明確化が図られる。予備部品、取替部品などをも含めるのが一般的である。供給者の取扱品目や供給者・総代理店の取

引関係には、流動性があり得るので、契約製品の追加、変更は供給者の事前通知（例えば６ヵ月以前の）により可能である旨を明らかにすることも一考に値する。

■ **Appointment ／指名**

Article 2　Appointment	第２条　〔指名〕
2.1　(Appointment) Subject to the terms and conditions herein set forth, Supplier hereby appoints Distributor as its exclusive distributor of Products in Territory and grants Distributor the right to purchase Products from Supplier for resale in Territory, and Distributor accepts and assumes such appointment.	2.1　（指名）本契約に規定される条項・条件に従い、供給者は、ここに、代理店を契約地域における契約製品の自己の総代理店として指名し、契約地域における再販売のために契約製品を供給者から購入する権利を付与するものとし、代理店は、かかる指名を受諾し、引き受ける。
2.2　(Relationship between the Parties) The relationship hereby established between Supplier and Distributor shall be solely that of seller and buyer, and Distributor shall be in no way the representative or agent of Supplier for any purpose whatsoever, and shall have no right or authority to create or assume any obligation or responsibility of any kind, express or implied, in the name of or on behalf of Supplier or to bind Supplier in any manner whatsoever.	2.2　（当事者間の関係）本契約により成立する供給者と代理店間の関係は、単に売主と買主の関係であり、代理店は、いかなる目的においても、決して供給者の代理人ではなく、また供給者の名において、もしくは供給者を代理にして、明示的もしくは黙示的を問わず、いかなる種類の義務もしくは責任をも創設し、もしくは引き受け、またはいかなる方法においても供給者を拘束する権利もしくは権限をも有しないものとする。

解説

第２条　〔指名〕

2.1　（指名）供給者が総代理店に対し一手販売権（独占的販売権）を与え、総代理店がこれを受け入れることによって総代理店契約は成立する。

2.2　（当事者間の関係）第2.1条において供給者と総代理店は一手販売について合意したのであるが、「はじめに」において述べたとおり、両当事者の関係は必ずしも明確ではない。そこで本条によって当事者が契約上それぞれどのような地位に立つのかを定めている。すなわち、総代理店は供給者の代理人ではないことを明確にし、更に、総代理店は、供給者の名において、債務ないし責任を、第三者との関係において引き受けないことを確認する。更に、総代理店が供給者の代理人でない以上、第三者に対し供給者の名において、債務・責任を引き受けるようなことをしない旨を総代理店に義務づける。

■　Restriction on Competitive Transaction ／競業的取引の制限

Article 3　Restriction on Competitive Transaction	第3条　〔競業的取引の制限〕
3.1　(Supplier's Restriction) While this Agreement is in effect, Supplier shall not sell Products to any person other than Distributor in Territory or to persons other than Distributor who Supplier has reason to believe will resell Products in Territory. Provided, however, that the following transactions shall not be covered by this Agreement:	3.1　（供給者に課せられる制限）供給者は、本契約が効力を有する間、契約地域における代理店以外のいかなる者、または、契約地域において契約製品を再販売するであろうと供給者が信ずる理由のある、代理店以外の者に、契約製品を販売しないことに同意する。ただし、以下の取引は、本契約に含まれないものとする。
(a) Transactions with a governmental authority or representative thereof within Territory.	(a) 契約地域内における政府当局またはその代理人との取引
(b) Transactions with an international public organization or branch or representative thereof.	(b) 公的国際機関またはその支部もしくは代理人との取引
(c) Transaction of Products combined outside Territory into another equipment which would be imported into Territory.	(c) 契約地域外で他の設備に結合され、契約地域に輸入される契約製品の取引
3.2　(Competitive Products) In	3.2　（競合製品）本契約において付与される独占的権利を約因とし、代理店は、直接もしくは間接を問わず、契約地域において契約製品と同種の、類似の、もしくは競合するいかなる製品をも、購入、輸入、販売、流通もしくは他の方法で取り扱わないものとする（ただし、本契約の日現在において○○会社との○○日付販売

consideration of the exclusive right herein granted, Distributor shall not, in Territory, directly or indirectly, purchase, import, sell, distribute or otherwise deal with any product which is of same kind as, similar to or competitive with Products (with the exception of products covered, as of the date of this Agreement, by the distributorship agreement with X company dated _____).

3.3 (Re-exportation) Distributor shall sell Products only in Territory and shall not, directly or indirectly, resell or re-export Products to any place or country outside Territory, nor shall resell Products to any person, firm or corporation (hereinafter abbreviated as "person") in Territory who Distributor knows or has reason to believe intends to resell or re-export Products outside Territory.

3.4 (Orders from Outside) Distributor agrees to forward to Supplier an order for or inquires regarding Products received from outside Territory.

契約に包含される製品を除く）。

3.3 （再輸出）代理店は、契約製品を契約地域内のみにおいて販売するものとし、直接もしくは間接を問わず、契約地域外のいかなる場所または国に、契約製品を再販売または 再輸出しないものとし、また、契約地域外に契約製品を再販売もしくは再輸出する意図があることを代理店が知っている、もしくはそう信じる理由のある、契約地域におけるいかなる個人、商店もしくは法人（以下"者"と略称する）に対しても、契約製品を再販売しないものとする。

3.4 （契約地域外からの注文）代理店は、契約地域外から受けた契約製品の注文または契約製品に関する引合を、供給者に移付することに同意する。

解説

第3条 〔競業的取引の制限〕

3.1 （供給者に課せられる制限）代理店は、契約地域において契約製品を独占的に輸入し、再販売する権利を保証されることにより、当該地域において再販のための人員・施設を拡充し、販売促進の意欲を奮い立たせるのが、一般的な事情であろう。第2条において、単に

輸入販売についての独占的権利を規定するのみでは、他に販売権者が選任されないことは明確となっても、供給者自体の輸出販売までが制限されるか否かについては、必ずしも明らかでない。そこで、契約地域における供給者の販売活動を制限する規定を設けると共に、その制限における例外事由をも明確にする。

例外事由としては、

(a) 契約地域における政府の調達機関との取引が、まず考えられる。かかる調達機関は、時として、供給者（特にメーカー）と直接に契約を締結することをポリシーとする場合がある。このような場合は、販売権者は、買主としての立場において、取引に関与する立場になく、供給者自身が、調達契約の当事者となることが必要となる。

(b) 公的国際機関（例えば、国連における機関）が、開発途上国に対する経済協力活動において調達を行う場合、供給者と直接に調達契約を締結することをポリシーとする場合がある。

(c) 契約製品が一定の製品における部品または構成部（例えば、半導体装置）である場合は、契約製品が本邦または第三国において、組立業者により他の製品に組み立てられ、組立製品が、契約地域に輸出される可能性がある。このような状況において、総代理店契約により、供給者の取引が制限されることがないように、供給者の制限に対する例外規定を設けておく。この例外に加えて、かかる組立製品の予備部品、取替部品としての契約製品をも、例外事項とすることもあり得る。また、契約地域において組み立てられるプラント用の機器、資材についても、例外的取扱いとする旨を定めることもある。

(d) なお、本契約条項には規定を置いていないが、契約地域における特定の顧客に対する取引や、公開入札などにおいても、例外規定を設けることもある。

3.2 （競合製品）供給者が契約地域における契約製品についての取引活動に制限を引き受けると同時に、代理店に対しても、契約製品の販売促進に専念してもらうために、競合製品の取扱について制限を求める。競業避止義務の内容によっては、関係する国の独占禁止法に抵触する場合があるので注意を要する（当該代理店契約の成立以前に、代理店がすでに取り扱っていた競合製品の取扱いを禁止する場合には、特に注意を要する）。

3.3 （再輸出）代理店は、販売地域の指定によって、再輸出は禁止されると解釈されるか否かは必ずしも明確でないが、代理店の取引先が他の販売地域に再販売して、再販先の販売店の権利を害することがある。従って、供給者は本条のような規定によって、代理店相互の利害を調整しなければならない。ただし、契約地域外への輸出禁止は、独占禁止法上の問題を伴う（特に EU 加盟の一国から、他の EU 加盟国への再販売の場合）。

3.4 （契約地域外からの注文）前記再輸出の制限に伴い、代理店に寄せられた引合、注文について、供給者に対し、これを移付することを求める規定である。

■ **Individual Sales Contract ／個別売買契約**

Article 4 Individual Sales Contract	**第 4 条 〔個別売買契約〕**
4.1 　(Orders and Acceptance) No	4.1 　（注文および受諾）代理店により提

Individual Sales Contract shall be effective except by Supplier's written acceptance of each order submitted by Distributor. Notwithstanding any provisions of Distributor's order, each contract of sale shall be subject to the terms and conditions contained in this Agreement and in Supplier's acceptance sheet. Supplier shall use its best efforts to fill orders received by Distributor.

4.2 (Discontinuance or Change of Products) Supplier reserves the right to discontinue the sale of Products and to change the formula, contents or packaging thereof. Supplier shall not incur any liability thereby or any obligation to change, or repurchase Products previously sold by Supplier to Distributor.

4.3 (Prices)

4.3.1 Prices of Products sold to Distributor hereunder shall be as set forth in the price list attached hereto and made a part hereof. Supplier reserves the right to alter such prices, but in case of the change of prices, Distributor shall be notified _____ (_____) months in advance of such change of prices by Supplier.

4.3.2 Distributor shall be entitled to purchase Products at prices

出される各注文に対し供給者が書面で受諾する場合を除き、個別売買契約は成立しないものとする。代理店の注文に関するいかなる規定にもかかわらず、各売買契約は、本契約および供給者の承諾書に含まれる諸条件に従うものとする。供給者は、代理店が受けた注文に応じるため、最善の努力を尽すものとする。

4.2 （契約製品の供給中止または変更）供給者は、契約製品の販売を中止する権利、およびその方式、内容または包装を変更する権利を留保するものとする。供給者は、既に代理店に販売した契約製品を変更もしくは再購入するいかなる責任または義務をも負わないものとする。

4.3 （価格）

4.3.1 （契約価格）本契約において代理店に販売される契約製品の価格は、本契約に付され、本契約の一部を構成する価格表に定めるところによるものとする。供給者は当該価格を変更する権利を留保するが、価格変更の場合、供給者による当該価格変更より_____ケ月前に、代理店に通知するものとする。

4.3.2 （最恵条項）代理店は、供給者により随時見積られる他の販売業者向けの価格よりも不利でない価格および条件で、契約製品を購入する権利を有する。

4.3.3 （通貨、為替変動）価格は、各個別売買契約の署名時、東京において有効なTTSの換算率により、米国通貨で見積られるものとする。米国通

and under conditions not less favorable than those from time to time quoted by Supplier to its other distributors.

4.3.3 Prices shall be quoted in U.S. currency at the conversion rate of TTS prevailing in Tokyo at the time of execution of each Individual Sales Contract. If there is any change of conversion rate between U.S. currency and Japan currency of greater than _____ per cent (_____%), the prices shall be altered so as not to decrease by greater than _____ per cent (_____ %) of Supplier's income calculated in Japanese currency at the time of execution of each Individual Sales Contract.

4.4　(Terms of Payment)

4.4.1 Unless otherwise agreed, Distributor shall cause a confirmed and irrevocable letter of credit, without recourse, available against Supplier's draft at sight, to be established through a prime bank satisfactory to Supplier within _____ (_____) days after conclusion of each Individual Sales Contract.

4.4.2 If Distributor fails to provide such letter of credit in accordance with this Agreement and/or each Individual Sales

貨および日本国通貨間の換算率に＿＿＿＿％以上の変更がある場合、価格は、各個別売買契約の締結時に日本国通貨で算定される供給者の収入を＿＿＿＿％以上減少させることのないように変更されるものとする。

4.4　(支払条件)

4.4.1 別段の合意のない限り、代理店は、各個別売買契約の締結後＿＿＿＿日以内に、供給者の一覧払為替手形につき、償還請求権なしの有効な確認付取消不能信用状を、供給者が満足する優良銀行により発行させるものとする。

4.4.2 代理店が、本契約および／または各個別売買契約に従いかかる信用状を提供することを怠る場合、本契約第13.2条に規定される手続に従い、供給者は、各個別売買契約および／または本契約を取り消し、および／または、契約の成立した契約製品を、代理店の計算および危険負担で再販売する選択権を有するものとする。

Contract, Supplier has an option to terminate the Individual Sales Contract and/or this Agreement and/or, resell the contracted Products at Distributor's account and risk, subject to the procedure set forth in Article 13.2 hereof.

解説

第4条 〔個別売買契約〕

4.1 （注文および受諾）総代理店契約は基本契約であるから、個々の売買については、それぞれ売買契約を結ばなければならない。従って、本条では個々の売買契約の締結方法と総代理店契約との関係を示している。次に基本契約または供給者の承諾書に定められたもの以外（つまり、代理店が、勝手に定めた取引条件）は個別契約の取引条件としないことを定める。

4.2 （契約製品の中止または変更）長期にわたる継続的取引の過程において、契約製品の全部または一部のものにつき、ライフサイクルの経過、改良技術の導入などによりスペック、包装などに変更が生ずることがある。 このような事情の変化に対し、モデルチェンジ後の製品を供給することを可能とする供給者の権利を定めておくことは、一般に重要なことである。また、前記のようなモデルチェンジなどがあってもすでに販売していた製品について、代理店は返品、取替などの権利を有しないことを明らかにする。

4.3 （価格）

4.3.1 （契約価格）契約製品の対価については、契約当初のものについては、契約書添付の別表にこれを定めておくのが、一般の慣行である。ただし、時間の経過と共に、生産・取引の環境に変化が生じるはずであるから、この変化に対応するため、供給者は、価格の変更ができる旨を定め、その変更の手続として、一定期間前（例えば6ヵ月以前）に、代理店に通知する必要がある旨を定める。

4.3.2 （最恵条項）当該総代理店契約における代理店に対しては、最恵条件による価格で買い付ける権利を認める条項である。この条項は、当該代理店が、他の代理店に比し、不利でない価格で買付けられることを保証するものであって、代理店にとっては有利な規定であるが、供給者の価格決定方針に制約を課する結果となる。従って、この規定を設けることについては、慎重な検討を要する（ある販売地域においては、特殊事由があるため、幾分か値引をしなければ市場が開拓できないという事情がある場合、その値引をするならば、この最恵条項の発動の原因となり得る）。

4.3.3 （通貨、為替変動）建値、支払いに用いる通貨を定める。

本契約条項では、米ドルとしている。しかし、米ドル／円の交換率に変動があった場合、例えば、個別契約締結時から支払いまでの間に、米ドルが円に対し、10%以上下落した場合は、供給者の収入が、個別契約締結時に円において計算されたものより 10%以上減少しないよう、価格を変動させることができる旨を定める。

4.4　（支払条件）4.4.1 は、支払条項については、個々の売買契約で取り決めてもよいが、この基本契約で原則を決めておけば、後で支払条件について揉めることを防ぐことができよう。例文は全取引に通用するよう、原則として信用状取引である旨を明示した。しかし、場合によっては個別の特約により D/P、D/A 条件など（与信を伴う取引）になる。

4.4.2 は、代理店が注文を出して信用状を開設しない場合の供給者の救済を規定している。

■　Shipment ／船積

Article 5 Shipment	第 5 条　〔船積〕
5.1　(Trade Terms) Products shall be delivered by Supplier to Distributor in accordance with the trade terms of the Incoterms2020 established by the International Chamber of Commerce, which shall be specified in each Individual Sales Contract aforementioned.	5.1　（貿易条件）契約製品は供給者により、前述の各個別売買契約に明記される、国際商業会議所により制定された国際貿易条件基準（インコタームズ 2020）の貿易条件に従い、代理店に引き渡されるものとする。
5.2　(Shipping Date) Supplier shall make its best efforts to comply with the shipping date agreed upon by both parties. However, if any cause set forth in Article 14.2 prevents Supplier from shipping in accordance with each Individual Sales Contract, Distributor shall allow Supplier to delay shipments or accept partial shipments.	5.2　（船積期日）供給者は、両当事者により合意された船積日に応じることに最大の努力を尽くすものとする。ただし、第 14.2 条に規定する原因が、供給者が各個別契約に応じて船積することを妨げる場合、代理店は、供給者が遅延船積することを許容し、または分割船積を承諾するものとする。

解説

第 5 条　〔船積〕

5.1　（貿易条件）輸送中の製品の所有権の移転、危険負担、通関手数料、関税、保険料の負担

などについては、個々の売買契約において、取引条件として明記されることになる。この取引条件に用いられる用語の解釈原則は、必ずしも一義的ではない。この解釈における意見の相違の発生を予防するため、解釈は、ICC のインコタームズ 2020 における取引条件による旨を定める。

5.2　（船積期日）船積日の遵守が重要であり、その遵守につき最善を尽くすべき旨を定める。

■　Minimum Purchase ／最低購入

Article 6　Minimum Purchase	第 6 条　〔最低購入〕
6.1　During each period commencing on July 1 and ending on June 30 of the next year (hereinafter "Contract Year"), Distributor shall place orders and purchase from Supplier a minimum quantity of Products as follows: First Contract Year:＿＿＿＿＿ Second Contract Year:＿＿＿＿ Third Contract Year:＿＿＿＿＿ For the purpose of this Article, the word "purchase" means the conclusion of an Individual Sales Contract under Article 4.1.	6.1　7 月 1 日に始まり翌年の 6 月 30 日をもって終了する各期間中（以下"契約年度" という）、代理店は以下のとおり契約製品の最低限の数量を注文し、供給者から購入するものとする。 契約初年度：＿＿＿＿＿ 契約 2 年度：＿＿＿＿＿ 契約 3 年度：＿＿＿＿＿ 本条において、「購入」とは第 4.1 条に従い個別売買契約が成立したことを意味する。
6.2　If, during any Contract Year, Distributor fails to purchase the minimum quantity of Products set forth above, Supplier, at its sole discretion, may convert the nature of the distribution relationship hereunder from that of exclusive distributor to that of a non-exclusive distributor by giving written notice of deficiency within three months of the end of the Contract Year in which such deficiency arises; provided, however, that if	6.2　いかなる契約年度においても、代理店が上記の契約製品の最低数量を達成することを怠った場合、供給者は自己の選択により、かかる不達成が発生した契約年度の終了から 3 ヶ月以内に、かかる不達成を通告する書面を与えることにより、本契約による販売権関係を総代理店から非独占的代理店に変更することができるものとする。ただし、代理店が、かかる契約年度において最低購入数量に応じるに十分な注文を行い、代理店の落ち度によらずして、当該契約年度においてかかる最低数量が達成されない場合、供給者はその権利を行使できないものとする。

Distributor placed orders during said Contract Year for delivery in that year sufficient to meet the minimum purchase, and through no fault of Distributor, such minimum purchase is not achieved in that year, then Supplier may not exercise such right.

解説

第 6 条 〔最低購入〕

　代理店の買付状態が供給者の予想に反して悪くても、独占的販売権を与えた以上、供給者は契約地域内で、自らまたは他の輸入業者を通じて販売することはできない。従って買付状態が不満足なまま契約期間の満了を待たねばならない。特に契約の残存期間が長い場合には多大な損失になり得る。

　上記のような事態にならないように、供給者は 1 年間、半年間などの一定期間における最低買付額（量）を定め、これを単に努力目標とせず、義務づける必要がある。この義務違反の場合には、供給者が独占的販売権を非独占的販売権に変更できるとか、契約を解除できるよう明確に定めておくことが大切である（第 13.2 条参照）。これと合わせて 2 年目、3 年目というように最低買付額（量）を増加させることも考えられる。

　なお、例示した条文によると、特定契約年度で上記の約定最低購入数量に不足の生じる懸念が生じた場合、代理店が当期中にその不足量を次年度以降の受渡条件で買増すことで当期の最低購入量不足を回避することができる。しかし、これでは供給者の立場からすれば、本来の契約目的が満たされないことになるから、第 6.1 条の "minimum purchase quantity" の定義を『該当年度中に船積出荷され代理店に引渡される数量』のように明確化することが望ましい。このようにすれば、上記の駆け込み発注分は、次年度以降の受け渡しとなり、当年度の実績にカウントされることにはならない。

■　**Quality and Warranty ／品質および保証**

Article 7　Quality and Warranty	**第 7 条 〔品質および保証〕**
7.1　(Quality) Supplier agrees to ship Products in high quality, whose requirements shall meet the specifications defined in each	7.1　（品質）供給者は、高品質の契約製品を船積することに同意し、その必要条件は、各個別売買契約において定める仕様に合致するものとする。

Individual Sales Contract. In case the quality of Products shipped to Distributor turns out not to meet the above requirements of the quality, Distributor may claim the replacement against those inferior Products and accordingly Supplier shall accept this claim of Distributor and shall bear all the actual and direct damages which Distributor will have incurred and proved.

7.2 (Inspection and Notice of Claims) Distributor shall have the right at its expense to inspect and examine Products to be shipped at Supplier's warehouse or other place designated by Supplier. Distributor shall examine all shipments as soon as practicable after arrival and shall notify Supplier promptly in writing of all claims that Products were shipped short, defective, or damaged. Without such notice, Supplier shall not be in any way responsible. When timely notice has been given, Supplier shall have a reasonable time to make good any shortage or to replace defective or damaged Products.

7.3 (Warranty) All Products covered by this Agreement are guaranteed by Supplier to be free from defects in material and workmanship under normal

代理店へ船積される契約製品の品質が上記必要条件に合致しないことが判明した場合、代理店は、それら劣質の契約製品に対しその交換を要求することができ、それに応じて供給者は、代理店のかかる要求を受諾し、代理店が被り、立証されたすべての直接損害を負担するものとする。

7.2 （検査およびクレームの通知）代理店は、供給者の倉庫または供給者により指定される他の場所において、船積される契約製品を自己の費用で検査および試験する権利を有するものとする。代理店は、到着後できるだけ速やかにすべての貨物を検査するものとし、契約製品が不足、瑕疵または損害を受けて船積されたとのすべての権利主張を、書面で直ちに供給者に通知するものとする。当該通知なくして、供給者は、決して責任を負わないものとする。適時の通知がなされた場合、供給者は、不足を補うかまたは瑕疵あるもしくは損傷を受けた製品を取り替えるための合理的な期間を有するものとする。

7.3 （品質保証）本契約の対象とされるすべての契約製品は、顧客へ引渡した日から＿＿＿日、または契約地域の輸入港へ到着後＿＿＿日のいずれかの短い方の期間、通常の使用において、材料および仕上げに瑕疵がないことが、供給者により保証される。

7.4 （知的所有権）本契約における契約製品または代理店の活動が、契約地域において効力を有する第三者の知的所有権（商標、特許、著作権など）

use for _____ (_____) days from the date of delivery to customers, or for _____ (_____) days after arrival at the port of entry in Territory, whichever is shorter.

7.4 (Intellectual Property) In case where claim, proceedings or suit is made by any third party on the ground that Products or activities of Distributor hereunder infringe intellectual property right (trademark, patent, copyright, etc.) of such third party effective in Territory, Distributor and Supplier shall promptly have discussion in good faith to avoid such infringement or damages resulting therefrom.

7.5 (Limitation of Warranty) The aforesaid warranty is the only warranty made by Supplier with respect to Products and is in lieu of all obligations or liabilities on the part of Supplier for damages. In no event shall Supplier be liable to Distributor for indirect, incidental and consequential damages and/ or loss of profits arising out of or in connection with the sale, use or performance of Products. Supplier disclaims all other warranties with regard to Products purchased pursuant to this agreement, including

を侵害するという理由で、かかる第三者により権利請求、手続または訴訟がなされる場合、代理店および供給者は、かかる侵害またはその結果生ずる損害を避けるため、直ちに誠意をもって協議をするものとする。

7.5 （保証責任の制限）前述の保証は、供給者によりなされた契約製品に関するすべての保証であり、損害における供給者のすべての義務または責任に代わるものである。供給者は代理店に対し、契約製品の販売、使用または性能からもしくはそれらに関して生じる、間接的、付随的または派生的損害および／または逸失利益につき、責任を負うものではない。供給者は、本契約に従い販売された契約製品に関する、商品性および適合性の黙示的保証を含むその他のすべての保証を放棄する。

7.6 （代理店の責任）代理店は、契約製品に関し、供給者に代わり、いかなる保証または表明も行わないものとする。代理店は、本項または本契約のその他の規定の代理店の違反に起因する、すべての権利主張、損害賠償（弁護士報酬を含む）について供給者に補償し、供給者に損害を与えないものとする。

7.7 （製造物責任および保険）前記に規定する供給者の保証は、契約製品が本来の性能を損なうような方法で権限のない者により改造された場合、または契約製品の誤用、もしくは不注意または事故による場合は、適用されない。

all implied warranties of merchantability and fitness.

7.6 (Distributor's Responsibility) Distributor shall not make any warranties or representations with respect to Products on behalf of Supplier. Distributor shall indemnify and hold Supplier harmless from all claims and damages, including attorneys' fees, resulting from Distributor's violation of this Paragraph or any other provision of this Agreement.

7.7 (Products Liability and Insurance) Supplier's warranty afore-stipulated shall not apply in cases where Products have been altered by unauthorized persons in such a way as to affect the proper performance, or where Products have been subjected to misuse, negligence or accident.

If any claim, proceedings or suit is made by any third party against Supplier or Distributor for alleged product liability, the party shall immediately inform the other party of such claim, proceedings or suit, and both parties shall cooperate with each other in the defense.

Supplier may request Distributor to arrange an adequate insurance for product liability at the cost

供給者または代理店に対し、第三者により主張される製造物責任に対する権利請求、手続もしくは訴訟がなされる場合、一方の当事者はかかる権利請求、手続もしくは訴訟につき直ちに他の当事者に通知し、両当事者は防御につき互いに協力するものとする。

供給者は代理店に対し、供給者を共同の被保険者とする、製造物責任のための十分な保険を代理店の費用において手配することを要求できるものとし、かかる保険証書の写しは、代理店により遅滞なく供給者に提供されるものとする。代理店が、供給者からの要求にかかわらず、かかる保険の手配を怠りまたは拒否する場合、代理店は、契約地域内において管轄権を有する裁判所に対しまたは法廷外で、第三者によりなされる契約製品における製造物責任の請求のため、供給者により支払われる補償金に等しい金額を、供給者に補償するものとする。

of Distributor, in which Supplier shall be designated as the co-insured, and a copy of such insurance policy shall be provided to Supplier by Distributor without any delay. If Distributor fails or refuses to arrange the same regardless of the request from Supplier, Distributor shall reimburse to Supplier such amount as equivalent to the monetary compensation paid by Supplier due to a claim to product liability for Products, which is claimed or filed by a third party in Territory before or out of court having jurisdiction.

解説

第7条 〔品質および保証〕

7.1 （品質）品質が良質で個別契約で定める仕様を満足する製品を船積することに、供給者は合意する。この要件に該当しない場合は、代理店は取替を要求し得る。そのために発生したことを立証し得る実損害は、供給者が負担することを定める。

7.2 （検査およびクレームの通知）代理店は、出荷前においても、製品を検査することができる旨を定める。また、到着後直ちに検査を行い、問題があれば、直ちに通知することを義務づけ、これが履行されるならば、供給者はクレームに応じる旨を定める。

7.3 （品質保証）供給者の品質保証と、保証期間を定める。

7.4 （知的所有権）総代理店契約においてなされる代理店の活動が、第三者が保有する知的所有権（商標、特許、著作権など）であって契約地域において効力を有するものについて、侵害である旨の主張、訴訟がなされた場合、供給者・代理店のいずれが責任を負担すべきかの問題がある。本契約条項においては、その際は、侵害と、それから発生する損害を避けるため、両者は誠意をもって、直ちに話し合う旨だけを定める。話し合いが成立しなかった場合はどうするかについて、明確に規定することも検討に値する。

7.5 （保証責任の制限）供給者は、第7.3条に述べたところ以外は、保証責任を負わず、かつ、保証責任は、間接的損害、偶発的損害、利益の損失については及ばないことを明確にすることにより、供給者の保証責任の範囲が拡大することを防止する。英文において本項を大

文字で表わしているのは、保証責任の制限については、明確な記載を要求する法制の国があることを念頭に置いたことによるものである。

7.6　（代理店の責任）代理店が再販を行う場合、その買主に対しては、代理店自身が保証責任を負い、供給者は保証しないことを明確にする。

7.7　（製造物責任および保険）契約製品が、第三者（主としてユーザー）において人身事故を発生させた場合においては、被害者は代理店に対して責任を求めることに加えて、メーカーや供給者その他流通に関与した当事者に対しても責任を求めることができる。これを製造物責任という。しかし、被害者において、誤使用、過失があった場合については、製造物責任は制限される。第 7.7 条は、この原則をまず述べている。

　　次に、製造物責任の追求がなされてきた場合、供給者と代理店は、協力して防御に当たる旨を定める。

　　最後に、代理店は、供給者の請求があった場合に、自己が販売する契約製品について、製造物責任保険を付保し、その際は、供給者を、代理店と共同の被保険者とすべき旨を定める。供給者は、共同の被保険者となることにより、保険会社からの求償を免れる。

■　Manuals, Technical Information and Assistance ／
　　説明書、技術情報および技術支援

Article 8　Manuals, Technical Information and Assistance	第8条　〔説明書、技術情報および技術支援〕
8.1　(Technical Information) Supplier shall provide Distributor with User Manual, Repair and Service Manual and disclose to Distributor other technical information deemed to be necessary by Supplier to enable Distributor to inspect, transport, stock, repair and service Products in the sale of Products in Territory.	8.1　（技術情報）供給者は、代理店に取扱説明書、修理・サービスマニュアルを提供し、契約地域の契約製品の販売において、代理店が契約製品を検査、運送、仕入、修理およびサービスを行うことを可能にするために必要であると供給者が考える、他の技術情報を代理店に開示するものとする。
8.2　(Technical Assistance) If it is deemed to be necessary by Supplier for the sale of Products in Territory, Supplier	8.2　（技術支援）供給者が契約地域における契約製品の販売のために必要であると考える場合、供給者は、供給者および／または代理店の施設内において、代理店に技術支援を提供する。かかる技術支援の詳細は、両当事者により随時決定されるものとする。

shall provide Distributor with technical assistance at the premises of Supplier and/or Distributor. Details of such technical assistance shall be determined from time to time by both parties.

解説

第8条 〔説明書、技術情報および技術支援〕

　契約製品によっては、供給者が代理店に対し、一定の技術情報（マニュアル類など）を提供する必要のあることがある。この場合は、代理店に対し提供する旨を明確にする。

　技術情報の提供のみならず、技術指導を行う必要のあることもある。この場合は、技術指導が行われる旨を述べ、その詳細は、別途合意するところによる旨を規定する。

■ Confidentiality Obligations ／守秘義務

Article 9　Confidentiality Obligations

9.1　(Confidentiality Obligation) During the life of this Agreement and for three (3) years after the termination or expiration hereof, Distributor shall keep confidential the information disclosed hereunder by Supplier and shall not use such information for other purpose than the distribution of Products.

9.2　(Restriction on Dissemination) Distributor may disseminate the information disclosed to Distributor hereunder to the employees of Distributor only on need to know basis. Provided, however, that such employees shall abide by the confidentiality

第9条 〔守秘義務〕

9.1　（守秘義務）本契約の期間中および、本契約の終了または満了の後3年間、代理店は、本契約において供給者により開示された情報を守秘するものとし、契約製品の流通以外の目的のために、当該情報を使用しないものとする。

9.2　（開示の制限）代理店は、本契約において代理店に開示された情報を知る必要のある代理店の職員に開示できるものとする。ただし、かかる職員は、あたかも代理店自身であるかの如く、守秘義務に従うものとする。

9.3　（例外）本条に規定される守秘義務は、以下の情報には適用されないものとする。

（1）開示のとき公知であった情報

（2）代理店の責に帰すべき事由によらず

obligations as if they were Distributor itself.

9.3 (Exception) Confidentiality obligations set forth in this Article shall not apply to the information:

(1) which entered the public domain at the disclosure;

(2) which will enter the public domain after the disclosure through no fault of Distributor; or

(3) which is received from a third party without confidentiality obligation:

して、開示後公知となった情報

（3）第三者から守秘義務を課せられることなしに受領した情報

解説

第9条 〔守秘義務〕

　代理店に対し、開示・提供された技術情報について、守秘義務、他目的不使用義務を定める。ただし、公知の情報、守秘義務を伴わず第三者から適法に開示された情報については、前記の義務は、適用されない旨を明らかにする。

■ **Market Information and Report ／市場情報および報告**

Article 10　Market Information and Report

　Both Supplier and Distributor shall periodically and/or on the request of either party furnish each other information and market reports necessary to promote the sale of Products. Distributor shall periodically provide Supplier with reports on market conditions, inventory, sales and other activities of Distributor related to Products.

第 10 条 〔市場情報および報告〕

　供給者、代理店とも、定期的におよび／またはいずれかの当事者の要求により、契約製品の販売を促進するために必要である情報および市場報告書を互いに提供するものとする。代理店は供給者に対し、契約製品に関する市場状況、在庫、販売および代理店のその他の活動についての報告書を定期的に提供するものとする。

第 10 条 〔市場情報および報告〕

　当事者が一手販売店契約の円滑な運営と販売促進のため、相互に市場の状況、動向などについて知り得た情報を交換し合う規定である。更に、代理店は、それと合わせて活動状況を報告することも規定する。

■　**Distributor's Activities ／代理店の活動**

Article 11　Distributor's Activities	**第 11 条　〔代理店の活動〕**
11.1　(Sales Promotion) Distributor shall diligently and adequately advertise and promote the sale of products throughout Territory. Supplier shall provide, without or with charge, Distributor with reasonable quantity of advertising literatures, catalogues, leaflets, folders, etc.	11.1　（販売促進）代理店は、契約地域の全域で契約製品の販売について、勤勉かつ適切に広告し、促進するものとする。供給者は、無料もしくは有料で、合理的な数量の広告印刷物、カタログ、リーフレット、フォルダー等を代理店に提供するものとする。
11.2　(Sales Facilities) Distributor shall establish and maintain a fully staffed force of sales personnel and have such personnel call on all existing and potential customers in Territory on a regular basis as frequently as is required by good business practices. Distributor shall maintain such inventory of Products as may be reasonably necessary to meet the market demands therefor.	11.2　（販売施設）代理店は、十分な販売人員を確立および維持し、善良な取引慣行により要求される程度に頻繁に、定期的に、かかる人員に契約地域において存在し、潜在するすべての顧客を訪問させるものとする。代理店は、市場の要求に応じるために合理的に必要とされる契約製品の在庫品を維持するものとする。
11.3　(Services) Distributor shall provide after sales service, and maintenance and repair service for Products resold by Distributor. After the termination	11.3　（サービス）代理店は、代理店により再販売された契約製品について、アフターサービス、保守および補修サービスを提供するものとする。本契約の終了後、かかるサービスは、供給者または供給者により指定された者により行われるものとし、代理店は、契約終了時、かかるサービスを行うために必要なユーザーリストおよび関連情報を供給者に提供するものとする。

of this Agreement, said services shall be conducted by Supplier or its designee, and Distributor shall provide Supplier with the list of user and related information, at the termination, necessary to conduct such services.

11.4 (Compliance with Laws) Distributor shall comply with all laws, rules and regulations applicable to its activities pursuant to this Agreement, procure and maintain all licenses and permits necessary for carrying out its business and conducting its business in a manner so as not to adversely affect the reputation of Products, Supplier or the manufacturer(s) of Products.

11.4 （法令遵守）代理店は、本契約に基づく自己の履行に適用されるすべての法律、規則、法規に従い、自己の事業の遂行のために必要なすべてのライセンス、許可を取得、維持し、契約製品、供給者または契約製品の製造業者の名声を損なうことのないような方法で自己の事業を行うものとする。

解説

第 11 条 〔代理店の活動〕

11.1 （販売促進）代理店に課せられた販売促進の義務と方法を定め、代理店の行う販売促進活動について供給者も協力する義務を合わせて規定したものである。

11.2 （販売施設）第 11.1 条の促進義務を、販売担当職員（人的施設）の維持、およびその活動に関して具体的に述べる。販売促進のためには、適量な在庫を保管しなければならない。これらを代理店の義務として規定する。

11.3 （サービス）代理店のアフターサービス、および補修サービスを義務づける。次に、契約期間中にすでに販売されている製品保守に対する前記のサービスについては、終了後は、供給者またはその指名する者がこれを引受けることを明らかにする。かくして、契約終了にかかわらず、良好なサービスが継続されることとなる。

11.4 （法令遵守）代理店は、契約地域における販売に関する法令を遵守し、必要な許認可を受けるべき旨を明確にする。更に、供給者、メーカーまたは製品の評判を損なうことのないように、事業を行うことを義務づける。

Article 12　Trademarks, Labels, etc.

Supplier authorizes Distributor to use, in connection with the sale, promotion and advertising of Products, the designation "＿＿＿＿＿" and such other trademarks and trade names as may be used by Supplier in the advertising, promotion and sale of Products. Distributor hereby acknowledges that such designation, trademarks and trade names are owned by Supplier and that Distributor have no right or interest in or claim to any such marks or names, shall not use the same in any manner which may defeat or diminish them, and shall immediately discontinue the use thereof upon demand of Supplier in any event or upon termination of this Agreement. Distributor shall not remove, conceal or obliterate any markings or information placed on Products as supplied by Supplier, unless Distributor is required to do so to comply with laws and regulations in Territory.

第12条　〔商標、ラベルなど〕

供給者は代理店に対し、契約製品の広告、販売促進および販売において供給者により使用されることのある名称 "＿＿＿＿＿" および、両当事者が別途合意するその他の商標ならびに商号を、契約製品の販売、販売促進および広告に関連して使用する権利を与えるものとする。代理店は、かかる名称、商標ならびに商号は、供給者により所有されるものであること、および、代理店は、かかるすべてのマークまたは名称につき、権利、権限、請求権を有しないことを了承し、かかるマークまたは名称をその信用を損ないまたは傷つけるような、いかなる方法においても使用せず、また、いかなる事由によるにせよ供給者の要求があれば、もしくは本契約の終了により、それらの使用を直ちに中止するものとする。代理店は、代理店が契約地域における法令に従い要求されない限り、供給者により提供された契約製品に付されるいかなるマークまたは情報をも、除去、隠蔽、抹消しないものとする。

解説

第12条　〔商標、ラベルなど〕

総代理店契約においては、供給者が商標権の所有者であるのが、一般的である。まず、この商標権が供給者に帰属することに、代理店が同意することを定める。商標の製品上に添付されているのが一般的であるが、製品の販売や、広告宣伝についても使用される。ときには、これらの活動に、供給者の他の表示も利用されることがある。これらは、供給者の許諾においてなされるというのが論理的な筋道であるので、この点を明らかにする。ただし、代理店は、かかる商標・名称については、権限はないこと、および契約終了の際には、かかる権限は与えられない旨をも併せて明らかにする。更に、代理店は契約製品に付された商標またはその他の記載を削除ないし見

えないようにしないことを義務づける（ただし、法令により要求される場合は除く）。

■ Force Majeure ／不可抗力

Article 13　Force Majeure

　Neither party shall be liable to the other for failure or delay in the performance of any of its obligations under this Agreement for the time and to the extent such failure or delay is caused by riots, civil commotions, wars (declared or undeclared), hostilities between nations, governmental laws, orders or regulations, embargoes, actions by the government or any agency thereof, acts of God, storms, fires, accidents, strikes, sabotages, explosions, or other similar or different contingencies beyond the reasonable control of the respective parties. If, as a result of legislation or governmental action, any party or parties are precluded from receiving any benefit to which they are entitled hereunder, the parties hereto shall review the terms and conditions of this Agreement so as to use their best efforts to restore the party or parties to the same relative positions as previously obtained hereunder.

第13条　〔不可抗力〕

　いずれの当事者も、暴動、内乱、戦争（宣戦布告の有無を問わない）、国家間の対立、政府の法律、命令、規則、出入港禁止命令、政府またはその関係者の活動、天災、荒天、火災、偶発事故、ストライキ、サボタージュ、爆発、その他影響を受ける当事者の制御できない類似または特異の事態により発生する、他方当事者の本契約に基づく当該当事者の義務の不履行または履行の遅滞につき、他方当事者に対し責任を負わない。法律または政府の行為の結果、当事者の一方または両方が本契約に基づく利益の享受を妨げられた場合、両当事者は、当該当事者が従前享受していたものと同様の適切な地位を取り戻すのに尽力できるよう、本契約の条件を再検討するものとする。

解説

第13条　〔不可抗力〕

　契約上の義務の履行が、当事者の故意または過失ではなく当事者の制御できないような外部的な事由により妨げられることがある。そのような外部的作用を不可抗力といい、それに起因する義務の不履行についてはその当事者は免責される。どのような事由が不可抗力事由となるかについては、最終的には訴訟や仲裁などの場における事実認定の問題として、契約の性質および内容

を考慮して相対的に決定されることになるが、契約書作成にあたっては如何なる事由を不可抗力事由とするかについて予め具体的に例示しておくのが望ましい。

　不可抗力による免責が認められるために、相手方当事者が極端に不利な立場に立たされることもあるので、衡平の見地からその後の措置についても規定しておくことが望ましい。

■　Term and Termination ／期間および終了

Article 14　Term and Termination	第 14 条　〔期間および終了〕
14.1 (Term of this Agreement) This Agreement shall come into effect on the date hereof and, unless earlier terminated as hereinafter provided, shall continue in effect for three (3) years thereafter. This Agreement shall be automatically renewed for additional terms of one year each, unless, not less than ninety (90) days prior to the end of the initial or any renewal term, either party shall give the other written notice of non-renewal.	14.1 （本契約の期間）本契約は、本契約日付をもって発効し、以下に規定されるところにより早期に解除されない限り、その後 3 年間有効に存続するものとする。本契約は、いずれかの当事者が他の当事者に、前記の期間または更新期間の末日の少なくとも 90 日前に、書面により更新しない旨の通知を与えない限り、1 年毎の追加期間で自動的に更新されるものとする。
14.2 (Default) In case there is a default by either party of any provision of this Agreement during the life of this Agreement, the parties hereto shall first of all try to settle any matter arising from such default as soon and amicably as possible to mutual satisfaction. Unless settlement should be reached within thirty (30) days after notification in writing of the other party, such other party has the right to terminate this Agreement and	14.2 （債務不履行）本契約の期間中、いずれかの当事者による本契約の規定の不履行がある場合、両当事者は、まず、できる限り早急および友好的に、かかる不履行から発生する問題を解決するよう努めるものとする。一方の当事者の書面による通知後 30 日以内に解決に達しない場合、かかる一方の当事者は本契約を解除する権利を有し、それにより受ける損失および損害は、かかる不履行につき責任のある当事者により補償されるものとする。
	14.3 （破産など）本契約のいずれの当事者も、相手方当事者の破産、支払不能、解散、合併、会社更正、財産管理手続の開始またはいかなる事由によっても事業を中止する場合は、相

the loss and damage sustained thereby shall be indemnified by the party responsible for such default.

14.3 (Bankruptcy, etc.) Either party hereto has the right to terminate this Agreement by giving written notice to the other party in the event of such other party's bankruptcy, insolvency, dissolution, consolidation, reorganization, commencement of receivership proceedings or discontinuation of business for any reason whatsoever.

14.4 (Change of Distributor's Ownership) In the event of substantial change of ownership of Distributor, Supplier shall have a right to terminate this Agreement by giving written notice to Distributor.

14.5 (Inventory, etc. at Termination) Upon the termination of this Agreement by any reason whatsoever and at the request of Distributor, Supplier may repurchase, but at Supplier's sole discretion, within _____ (_____) months after the termination of this Agreement, all Products which are usable in the hand of Distributor with good conditions at the time of such termination at the price equivalent to that paid by

手方当事者に対する書面による通知により、本契約を解除する権利を有するものとする。

14.4 （代理店の所有に関する変更）代理店の所有に実質的な変更があった場合、供給者は、代理店に書面による通知を与えることにより、本契約を解除する権利を有するものとする。

14.5 （契約終了時における在庫など）理由を問わず本契約の終了時、代理店の要求があれば、供給者の裁量において、供給者は、本契約の終了後_____ヶ月以内に、かかる終了時代理店が良好な状態で所有する、使用できるすべての契約製品を、代理店が支払った価格と、輸送料、保険料、租税および輸入費用と共に、再購入することができるものとする。

解説

第14条 〔期間および終了〕

14.1 （本契約の期間）契約期間についての合意がない場合には、相手方に対する通知により終了させることはできるが、通知の期間や契約の期間満了の効力発生日について、法律的に問題を生じるおそれがあるので明確に合意しておくことが必要である。契約期間の定め方に特別の方式はないが、最初から長期間を定めることは好ましくない。また、あまり短くても代理店の販売促進活動の効果が十分表われないうちに契約期間が終わってしまう。例として多いのは2年ないし3年くらいである。その後一定の条件で自動的に更新できるようにしておけば、長期間のものと同じ効果が達せられる。

ところで、この契約の期間は3年で、1年ごとの最低購入量が第6条で定められているところ、本条第1項の期間満了後1年ごとの自動延長方式は良いとしても、この延長・更新年度中の最低購入量を決定する条件の明確な規定がない。最終第三契約年度の数量と同じで延長されるのか、あるいは本契約終了の日までに継続延長される年度に適用される最低購入数量が改めて協議決定されるべきものかを明らかにする必要がある。後者の場合、協議の結果合意に到らなかった時には、「自動延長」とはならないことになる。取引の実態に則して、この点も留意し善処することが望ましい。

14.2 （債務不履行）契約の違反は契約解除の原因となるが、違反事実にはいろいろな態様がある。たとえ多少の契約違反があったとしても、それをもって、ただちに解除権を行使することは好ましいことではなく、警告を発し、相当期間を違反事実の回復の猶予期間として与えることが、信頼関係に立つ取引に鑑みると当然であろう。このような理由から、例文は一定の違反事実の回復期間を与え、なおかつ期間内に回復が行われない場合にはじめて解除権の無条件行使ができ、損害賠償の請求ができるとしたのである。また、代理店を保護するため、解約や期間更新について特別の立法をしている国があるので、現地の法律をよく調べておく必要がある。

14.3 （破産など）契約違反のごとき背信行為はないが、契約を続けるのに支障をきたす一定の事由が発生した場合には、無条件に契約は終了できるとするのが一般的である。一定の事由については、破産、支払不能などを具体的に記載しておく必要がある。

14.4 （代理店の所有に関する変更）代理店の所有（支配権）に実質的な変化（株式の大部分の移転等）がなされることにより、供給者・代理店間の信頼関係に変化が生じることがある。供給者は、所有の実質的な変化の場合は、代理店契約を終了させる権利を有することを明らかにする。

14.5 （契約終了時における在庫など）代理店契約の終了時においては、代理店は在庫品を有しているのが通常である。供給者は、在庫のうち、良品については、実費をもって買い取る権利を有することを明らかにする。

■ **Miscellaneous Provisions ／雑則**

Article 15　Miscellaneous Provisions

15.1 (Governmental Reports and Filings) Each party agrees to promptly make all reports and filings with governmental agencies required by applicable laws, rules and regulations and to use its best efforts to obtain all approvals, licenses, permits and permissions with respect to its or their operations pursuant to this Agreement. Each party shall bear all costs of the filings and reports to and of obtaining the approvals, licenses, permits and permissions required by its governmental authorities. Each party shall cooperate with and assist the other party in making such filings and reports and in obtaining such approvals, licenses, permits and permissions.

15.2 (Governing Law) The validity, interpretation and performance of this Agreement shall be governed by and in accordance with the laws of Japan[, excluding the United Nations Convention on Contracts for the International Sale of

第15条　〔雑則〕

15.1 （政府への報告および届出）各当事者は、適用される法律、規則および法規により要求されるすべての報告および申請を直ちに政府機関に行い、本契約による自己のまたは両当事者の実施に関するすべての認可、ライセンス、許可証および免許を取得するために最善の努力を尽くすことに合意する。各当事者は、申請ならびに報告、および、自己の政府当局により要求される認可、ライセンス、許可証ならびに免許の取得のすべての費用を分担するものとする。いずれの当事者も、かかる申請、報告および、認可、ライセンス、許可証ならびに免許の取得を行うことにつき、他の当事者に協力するものとする。

15.2 （準拠法）本契約の有効性、解釈及び履行は、［国際物品売買に関する国連条約を除き、］日本国法に従うものとする。

15.3 （権利不放棄）いずれかの当事者による本契約の規定の不履行は、何時にてもまたはいかなる期間においても、かかる規定の権利放棄または、当事者がそれぞれのおよびすべてのかかる規定をその後履行することの権利放棄と解釈されないものとする。

Goods].

15.3 (Non-Waiver) Any failure of either party to enforce, at any time or for any period of time, any of the provisions of this Agreement shall not be construed as a waiver of such provisions or of the right of the party thereafter to enforce each and every such provision.

15.4 (Entire Agreement) This Agreement constitutes the entire and only agreement between the parties hereto relating to distributorship of Products and no modification, change or amendment of this Agreement shall be binding upon both Supplier and Distributor except by mutual express consent in writing of subsequent date signed by a duly authorized officer or representative of each of the parties hereto.

15.5 (Separability) If any portions or provisions of this Agreement is declared unenforceable or invalid by court or administration decision, or any applicable law, the validity of any other portions or provisions of this Agreement shall not be thereby affected in any way whatsoever.

15.6 (Non-Assignment) Neither this Agreement nor any right conferred hereunder to Distributor, may be transferred

15.4 （完全合意）本契約は、契約製品の販売権に関して、本契約当事者間の完全なかつ唯一の合意を構成し、本契約の各当事者の適法に授権された役員または代表者により署名された、本契約より後の日付の、相互の明示的な書面による合意の場合を除いて、本契約の修正、変更、改訂は、供給者と代理店を拘束するものではない。

15.5 （分離可能性）本契約のいかなる部分または規定が、裁判所または行政命令もしくは適用される法により、強制不能または無効であると宣言された場合、本契約のその他の部分または規定は、影響を受けないものとする。

15.6 （譲渡禁止）本契約または、本契約において代理店に与えられるいかなる権利も、第三者に移転または譲渡され得ないものとする。

15.7 （表題）本契約において使用される各条項の見出しは、単に参照の便宜のために付されたものであり、本契約の各条項の解釈に影響を与えるものではない。

15.8 （通知）本契約において与えられる、または与えられうるすべての通知、要求およびその他の通信は、書留航空郵便または海外電報もしくはファクシミリによりなされ、および、本条に従いいずれかの当事者が通知により事務所を変更する場合を除き、冒頭に述べるそれぞれの事務所に宛てられるものとする。上記の通知、要求および通信は、書留郵便による

or assigned to any third party.

15.7 (Headings) The headings of articles and paragraphs used in this Agreement are inserted for convenience of reference only and shall not affect interpretation of the respective articles and paragraphs of this Agreement.

15.8 (Notice) All notices, demands and other communications which shall or may be given under this Agreement shall be made by registered airmail or cable or facsimile and shall be addressed to the parties at their respective office first above referred to, except that either party may change such office by notice in accordance with this Article. Notices, demands and communications mentioned above shall be deemed to be received and made effective _____ days after their despatch if by registered mail and upon receipt if by cable or facsimile, provided, however, that the same by cable or facsimile shall be subject to the despatch of confirmation letter by registered airmail.

場合は、それらの発送から ＿＿日後に受領されたとみなされ、効力を生じ、海外電報またはファクシミリの場合は、受領をもって効力を生ずるものとする。但し、海外電報またはファクシミリによる場合には、書留航空郵便による確認書面の発送を必要とするものとする。

第15条 〔雑則〕

15.1 （政府への報告および届出）契約製品によっては、輸出・輸入について、あるいは販売について、法令により政府に対する報告や許可申請を必要とされることがある。この手続きを遅滞なく行うこと、および、これについて相手方の協力が必要ならば、協力を求め得ることを明らかにする。

15.2 （準拠法）契約当事者が法律を異にする国に属する場合、その契約はどこの国の法律によって解釈すべきかが問題となる。これについては、当事者の意思を基準として定めるという原則が、多数の国において一般的に認められているから、契約で決めておかねばならない。契約の準拠法としては、日本法、契約地域法、第三国法などが考えられる。本条項においては、日本法とした。

　　外国法は不明な点が多いから、できるだけ日本法を準拠法としたい。

＜ウィーン売買条約＞

　　国際的な物品の売買契約については、「国際物品売買契約に関する国連条約」（ウィーン売買条約）が日本についても効力を発生している。この条約の特徴は、明示的に排除しない限り自動的に適用され、国内法に優先することである。きわめておおまかに言うと、契約書でいろいろな事項を細かく定めてウィーン売買条約の適用を排除するという選択肢と、逆に契約書は結ばずに全面的にウィーン売買条約のみに従うという選択肢があり得ると思われる。ウィーン売買条約の適用を排除するのであれば、例文中の ［ ］ で示したような文言を入れるのがよい。

15.3 （権利不放棄）契約違反に対して、それが重大なものである場合には黙認することはないだろうが、軽微なものは、一回ぐらい見逃すこともある。そのような場合、黙認したことが契約の変更であると解釈されないように、このような条項を設ける必要がある。即ち、たとえ相手方の違反を見逃した場合でも、その後に犯された同様の違反に対しては追求する権利を有していることを確認したものである。

15.4 （完全合意）この契約の地位についての取り決めである。契約交渉過程とか、過去の取引で行われていた合意事項など、この契約以外のものはすべて効力を失い、この契約が当事者間の合意としては、唯一のものとして無用の疑義をなくしている。従って、この契約の改訂、変更についても厳格な方式をとらなければ、その効力は認められないとしている。

15.5 （分離可能性）契約条項のうち、ある条項が無効とされたり、強制力がないとされたりすることがある（主として、独占禁止法違反との関係で問題となる）。その場合、残余の条項の効力も同時に無効とするか否かについて、契約書は明文の規定を設けておくことが多い。本契約条項においては、残余の条項の効力は損なわれない旨を定めている。他の例としては、無効とされた条文の主旨をなるべく活かした他の条文に置き換えるための協議を行い、協議不成立の場合、契約は終了というような条文もあり得る。

15.6 （譲渡禁止）代理店契約は、供給者と代理店の間の信頼関係のうえに成立している。両当事者の一方が契約上の地位の譲渡を行うことは、前記の信頼関係を損なうことになり、継

続的取引関係の円滑な維持発展は困難となる。契約上与えられることのある権利の譲渡についても、このことが言える。

　　よって、当然のことではあるが、これらの譲渡の禁止を明らかにする。

15.7　（表題）この条項例のように、各条項に「見出し」としての便宜上、その条項の内容を簡潔に示す表題をつけることが多い。そのような場合、その表題自体は内容とは無関係なものであり、内容の解釈に際して当事者を拘束するような効力を有するものではない旨を規定しておく方がよい。

15.8　（通知）相手方当事者との間での連絡などに行き違いがないように、意思表示の伝達の方法およびその効果について規定したのがこの条項である。意思表示の伝達の効力の発生については、発信主義を原則とするのが便利であるが、電子的な方法による意思表示の伝達を容認する場合には、詳細を定めておくことが適切と言える。

■　Arbitration／仲裁

Article 16　Arbitration

　All disputes, controversies or differences arising out of or in connection with this contract shall be finally settled by arbitration in accordance with the Commercial Arbitration Rules of The Japan Commercial Arbitration Association. The place of the arbitration shall be Tokyo, Japan.

第16条　〔仲裁〕

　この契約から又はこの契約に関連して生ずることがあるすべての紛争、論争又は意見の相違は、一般社団法人日本商事仲裁協会の商事仲裁規則に従って仲裁により最終的に解決されるものとする。仲裁地は東京（日本）とする。

解説

第16条　〔仲裁〕

　国際取引から生じる紛争を解決するために、訴訟を提起するという方法があるが、相手国の裁判所でその国の手続法によりその国の言語で裁判をするのは、コストがかかる上に、公正な裁判が期待できない国もある。そこで、当事者双方が選任権を有する仲裁人により、合意した手続ルールや言語によることができる仲裁によって紛争を解決するという方法が国際取引ではよく使われている。仲裁によれば、迅速に、それゆえに安価に紛争を解決できる可能性があり、しかも強制執行が必要となる場合にも、判決よりも仲裁判断の方が多くの国が締約国となっている条約があるためにスムーズだからである。

　仲裁条項のドラフティングでは、仲裁の対象となる紛争の範囲、仲裁機関、仲裁規則、仲裁地などを明確に規定する必要がある。この条項は、日本商事仲裁協会（JCAA）の商事仲裁規則に従って東京での仲裁より紛争解決をすると定めるものである。このような仲裁合意をしておけば、相

手方が訴訟を提起してきても、その訴えの却下をもとめることができる。詳しくは「III. 仲裁条項のドラフティング」参照。

■ 末尾文言および署名欄

IN WITNESS WHEREOF, the parties hereto have caused two copies of this Agreement in English to be signed and sealed by their duly authorized officers or representatives on the date first above written. _____Co., Ltd　_____Co., Ltd _____　_____ President　　　　President	本契約の証として、両当事者は、本契約を英文にて2部作成し、適法に授権された役員または代表者により、冒頭に記載された日付をもって署名および捺印せしめた。 _____株式会社　_____株式会社 _____　_____ 社長　　　　　　社長

解説

末尾文言及び署名欄

　この契約が両当事者の正当な代表者によって署名され、効力が発生したことの宣言文である。契約作成用語が2ヵ国以上にわたる場合には、どの国の言語によって最終的に解釈されるかを決めておく必要がある。

　署名は、代表権者または代表権者から授権された者がする。署名者の肩書を明確に表示することが望ましい。

III. 仲裁条項のドラフティング

1. 仲裁とは
(1) 法制度としての仲裁

　一般に、仲裁とは「争いの間に入り、両者を取りなし仲直りをさせること」との意味で使われることが多いが、法制度としての仲裁は、紛争当事者間の合意により仲裁人が紛争解決をするものである。分かりやすく言えば、仲裁は法律で認められた私設の裁判である。

　仲裁は、当事者の合意、すなわち、仲裁合意がその根幹である。仲裁合意とは、当事者が紛争の解決を第三者の判断に委ね、その判断に従う旨の合意である。仲裁合意において様々なことを決めておくことはできるものの、細かく合意事項を定めることは煩雑であるので、日本商事仲裁協会（JCAA）のような仲裁機関の仲裁規則によることを定めておくのが普通である。通常、契約書中に仲裁条項として定めておく。仲裁合意があるにもかかわらず、一方の当事者が裁判所に提訴した場合には、他方の当事者が仲裁合意の存在を主張すれば（妨訴抗弁）、裁判所はその訴えを却下することになる。

　仲裁において、裁判官の役割を果たす第三者を仲裁人という。当事者が裁判官を選ぶことはできないが、仲裁人は当事者が合意により選ぶことができる。1名の仲裁人とすることを合意していて、その選任について合意できなければ、仲裁条項において指定している仲裁機関の規則により、その仲裁機関が決定をする。また、3名の仲裁人とすることを合意している場合には、各当事者が1名の仲裁人を選任し、そうして選任された2名の仲裁人が最後の1名を選任する。この合意ができない場合にもJCAAが決定することになる。仲裁人は、当事者の一方が、仲裁手続を無視して何ら対応しない場合でも、仲裁手続を進めることができ、仲裁判断を下すことができる。

　仲裁判断は、確定判決と同一の効力があり、相手方が任意に履行しない場合は、裁判所により強制執行してもらうことができる。

(2) 仲裁の特長
(a) 国際性

　仲裁法によれば、仲裁判断には、確定判決と同一の効力が認められている。判決の場合には、外国で日本の裁判所の判決の効力が認められるかどうかはその外国の法律次第であるが、仲裁判断の場合には、他の締約国においてされた仲裁判断を一定の要件のもとに承認し、これに基づき強制執行すること約束した「外国仲裁判断の承認および執行に関する条約」（ニューヨーク条約）がある。現在、ニューヨーク条約の締約国は160カ国以上であり、ほぼすべての国が締約国になっているということができる。

　なお、非締約国のうち、わが国と取引の多い国として台湾がある。しかし、台湾は自国の仲裁法においてニューヨーク条約と同様の要件を定めている。

(b) 中立性

　仲裁は、手続および判断の中立性を確保することができる。異なる国の当事者の間の取引をめぐる紛争を、一方当事者の国の裁判所によって解決することは、手続法や言語などの違い、さらには適切な弁護士の選任や管理ができないといったことなどから、他方当事者にとって不利である。また、腐敗した裁判官がいる国もある。この点、仲裁は当事者間の合意に基づく紛争解決制度であり、仲裁人の選任、手続言語、手続の進め方などについて、広く当事者の合意によることが認められている。例えば、中国企業と日本企業と間の紛争であっても、英語により、第三国籍の仲裁人による仲裁によって解決することもできる。

(c) 手続の柔軟性

　訴訟では、手続のルールは訴訟法に定められており、これを変更することは認められない。他方、仲裁は当事者の合意を基礎にするものであり、当事者が合意により手続の進め方を決めることができる。たとえば、紛争解決期間を6カ月と限定して、その期間内に仲裁判断を下すことを仲裁人に求めることや、手続のすべてを書面やウェブ会議によってのみ行うことも可能である。

(d) 非公開性

　訴訟では、一般に手続が公開される。わが国では、憲法82条1項は「裁判の対審及び判決は、公開法廷でこれを行ふ。」と規定している。他方、例えばJCAA仲裁の場合、仲裁を行っていることや仲裁判断の内容について仲裁人も当事者も守秘義務を負っているので、業界の他社に知られることはない。

(e) 迅速性

　訴訟は三審制であり、最高裁まで争われると数年はかかる。これに対し、仲裁では、仲裁判断が下されれば、これに対する上訴はできないので、訴訟と比べると迅速に紛争解決を得ることができる。

2. 仲裁条項のヒント

　当事者は、仲裁法の公の秩序に関する規定に反しない限り、どのように仲裁手続を行うかを自由に決めることができる。仲裁には仲裁機関を利用して仲裁手続を行う「機関仲裁」と仲裁機関を利用しないで当事者のみで仲裁手続を行う「アド・ホック仲裁」の2つがあるところ、「アド・ホック仲裁」では、現実にうまく仲裁手続が進まないだけでなく、仲裁合意が一応存在するために訴訟ができないという八方塞がりになったケースもある。仲裁に不慣れな場合には、JCAAのような仲裁機関を利用した「機関仲裁」が安全である。

　機関仲裁を利用する場合の仲裁条項のドラフティングでは、利用する規則を特定するだけを定めることもあるが、これに加えて、具体的な手続の方法、仲裁人の資格・数、仲裁手続の言語、手続費用の負担などの定めを盛り込むこともある。以下では、様々な仲裁条項の具体例をあげ、それぞれの特長について考える。

(1) JCAA の 3 つの仲裁規則に基づく仲裁条項

　JCAA では、（a）商事仲裁規則、（b）インタラクティヴ仲裁規則、（c）UNCITRAL 仲裁規則、以上 3 つの仲裁規則に基づく仲裁を提供している。これらの仲裁規則はそれぞれに特長を有し、当事者はその中からふさわしい規則を選択することができる。これらの仲裁規則は JCAA のウェブサイト（http://www.jcaa.or.jp/）からダウンロードが可能である。

(a) 商事仲裁規則によって仲裁を行う場合の仲裁条項例

All disputes, controversies or differences arising out of or in connection with this Agreement shall be finally settled by arbitration in accordance with the Commercial Arbitration Rules of The Japan Commercial Arbitration Association. The place of the arbitration shall be Tokyo, Japan.	この契約から又はこの契約に関連して生ずることがあるすべての紛争、論争又は意見の相違は、一般社団法人日本商事仲裁協会の商事仲裁規則に従って仲裁により最終的に解決されるものとする。仲裁地は東京（日本）とする。

解説

　商事仲裁規則【日本語・英語】は、UNCITRAL 仲裁規則の規定を基礎にし、その上で、最新の国際実務を反映した規定を備え、かつ、実務上争いが生じ得る論点についてきめ細やかに対応した仲裁規則である。特長的な規定は、以下のとおりである。

- ■　迅速仲裁手続に関する規定
- ■　緊急仲裁人による保全措置命令に関する規定
- ■　複数の契約から生ずる紛争を 1 つの仲裁手続で解決することに関する規定
- ■　多数当事者が関与する紛争を 1 つの仲裁手続で解決することに関する規定
- ■　仲裁手続中の調停に関する規定
- ■　仲裁人による補助者の利用に関する規定
- ■　第三仲裁人の選任について当事者選任仲裁人が一方当事者の意見を個別に聴く場合に関する規定
- ■　少数意見の公表の禁止に関する規定

(b) インタラクティヴ仲裁規則によって仲裁を行う場合の仲裁条項例

All disputes, controversies or differences arising out of or in connection with this Agreement shall	この契約から又はこの契約に関連して生ずることがあるすべての紛争、論争又は意見の相違は、一般社団法人日本商事仲裁協

| be finally settled by arbitration in in accordance with the Interactive Arbitration Rules of The Japan Commercial Arbitration Association. The place of the arbitration shall be Tokyo, Japan. | 会のインタラクティヴ仲裁規則 に従って仲裁により最終的に解決されるものとする。仲裁地は東京（日本）とする。 |

解説

インタラクティヴ仲裁規則【日本語・英語】は、商事仲裁規則と共通する規定を有しつつ、その上で、仲裁廷が争点の明確化に積極的に関与し、かつ、当事者が主張立証活動を効率的・効果的に行うことができるようにするための工夫として、以下のような特長的な規定を置いている。

- ■ 仲裁廷は、手続の出来るだけ早い段階で、当事者に対し、当事者の主張の整理及び暫定的な争点について書面で提示し、当事者の意見を求めなければならない。
- ■ 仲裁廷は、遅くとも証人尋問の要否について決定をする前に、当事者に対し、重要な争点に関する暫定的な見解を書面で提示しなければならない。

(c) UNCITRAL 仲裁規則＋ UNCITRAL 仲裁管理規則によって仲裁を行う場合の仲裁条項例

All disputes, controversies or differences arising out of or in connection with this Agreement shall be finally settled by arbitration in accordance with the UNCITRAL Arbitration Rules supplemented by the Administrative Rules for UNCITRAL Arbitration of The Japan Commercial Arbitration Association. The place of the arbitration shall be Tokyo, Japan.

解説

UNCITRAL 仲裁規則（＋ UNCITRAL 仲裁管理規則）【英語のみ】には、以下の特長がある。

- ■ 国際連合国際商取引委員会（UNCITRAL）が作成した仲裁規則である。
- ■ 仲裁手続を円滑に行う上で最低限必要なルールを規定している。
- ■ UNCITRAL 仲裁管理規則は、UNCITRAL 仲裁規則に基づき JCAA が事務局として仲裁手続の初めから終りまでサポートをする上で必要な事項について定めたものであり、UNCITRAL 仲裁規則を補完するものである。

(2) 機関仲裁条項（仲裁機関を指定する仲裁条項）

| All disputes, controversies or differences arising out of or in | この契約から又はこの契約に関連して生ずることがあるすべての紛争、論争又は意 |

| connection with this Agreement shall be finally settled by arbitration in accordance with the Commercial Arbitration Rules of <u>The Japan Commercial Arbitration Association</u>. The place of the arbitration shall be Tokyo, Japan. | 見の相違は、<u>一般社団法人日本商事仲裁協会の商事仲裁規則</u>に従って仲裁により最終的に解決されるものとする。仲裁地は東京（日本）とする。 |

解説

　仲裁には仲裁機関を利用して仲裁手続を行う「機関仲裁」と仲裁機関を利用しないで当事者のみで仲裁手続を行う「アド・ホック仲裁」の２つがあるが、「機関仲裁」を選択する場合、どのような仲裁機関を利用すべきかが問題となる。

　仲裁というのは、仲裁条項を含む契約を締結した後、実際に仲裁を利用するのは数年後、数十年後のことになる。JCAA の仲裁事件でも、10 年、20 年前に締結した契約に基づいて仲裁申立てがなされることは、決して珍しいことではない。したがって、仲裁機関の選択においては、仲裁機関の存続性というものがとても重要な要素である。契約締結時に存在していたとしても、実際に紛争が生じて仲裁を申し立てようと思ったら、仲裁機関が無くなっていれば、仲裁での紛争解決手段が失われてしまう。仲裁機関はウイスキーの醸造メーカーのようなもので、よいウイスキーを仕込んでもそれが現実に利益を生むまでには一定の期間を要するため、その一定期間を生き延びる必要があり、資金不足で消滅してしまうおそれがある。

　近年、国際仲裁の発展に伴って、各国で次々に新しい仲裁機関が設立されているが、特に、新しい仲裁機関の場合には、安易に選択するようなことはせず、その存続性について調査する必要がある。この点、JCAA は、1950 年に日本商工会議所の国際商事仲裁委員会として設置されて以降、半世紀以上にわたる歴史を有し、財政基盤も数多くの会員の支援と他事業からの収益によって安定しており、さらに何よりカントリーリスクのない日本の仲裁機関であるので、その存続性にいささかの問題もない。

（3）仲裁規則を規定する仲裁条項

| All disputes, controversies or differences arising out of or in connection with this Agreement shall be finally settled by arbitration in accordance with <u>the Interactive Arbitration Rules</u> of the Japan Commercial Arbitration Association. | この契約から又はこの契約に関連して生ずることがあるすべての紛争、論争又は意見の相違は、一般社団法人日本商事仲裁協会の<u>インタラクティヴ仲裁規則</u>に従って仲裁により最終的に解決されるものとする。 |

　仲裁は当事者自治を基本とする紛争解決方法である。当事者は、仲裁法の公の秩序に関する規定に反しない限り、どのように仲裁手続を行うかを自由に決めることができる。したがって、当事者が仲裁手続の一つ一つについて検討し決めても良いが、実際にそのようなことをすることは大変面倒であるし、そもそも仲裁手続に不慣れな当事者にとっては、とても難しいことである。そこで、手続管理の専門機関である仲裁機関が、仲裁手続を行うためにドラフトした手続準則の「セット」を利用することになる。これが仲裁規則である。仲裁規則は、仲裁手続の細部に至るまで検討して、円滑にかつ実効的な紛争解決を実現するための様々な事項を定めたものであり、これを契約で採用することによって、当事者の合意内容になるので、個々の事項についての交渉の手間を省くことができる。

　とはいえ、特定の仲裁規則による仲裁を定める条項を契約に盛り込むということは、その仲裁規則が定めている内容のすべてを合意するということを意味するので、本来は仲裁規則の内容を事前にチェックして、万一紛争が発生した場合に自分の側にとって不都合はないのか、有利なのかを検討する必要がある。しかし、実際のところ、法務担当者であっても、仲裁の経験が豊富な方は滅多にいないので、仲裁規則を読んでみても、どのような状況が生じる可能性があるのか、その際にその規定はどのように作用するのかを評価することは難しい。そのような場合であっても、少なくとも、①仲裁人の選任手続の規定、②仲裁地を定める規定、③手続言語を定める規定、④仲裁人報償金や管理料金を定める規定、以上4つの規定については必ず確認する必要がある。

　上記の仲裁条項では、JCAA の「インタラクティヴ仲裁規則」が規定されている。インタラクティヴ仲裁規則は、仲裁廷が争点の明確化に積極的に関与することによって、当事者が主張立証活動を効率的に行うことができるよう工夫された仲裁規則である。上記の4つの点については、次のとおりになっている。

　①の仲裁人選任は当事者自治が原則であり、決められない場合には JCAA が定めることになっている。②の仲裁地について当事者間の合意がない場合には、申立人が仲裁申立書を提出した JCAA の事務所の所在地（東京、横浜、名古屋、大阪、神戸）が仲裁地となる。③の手続言語について当事者が合意できない場合には、仲裁廷が契約書の言語や通訳・翻訳の要否やその費用等を勘案して決定するとされている。④のうち、仲裁人報償金については、請求額に応じた定額制が採用されている点に特徴がある。たとえば、請求額が 5000 万円以上 1 億円未満で、仲裁人 1 名の場合には、200 万円であるので、予め紛争解決コストの計算が可能となる。

　仲裁条項は「真夜中の条項」（midnight clauses）の一つとされ、契約交渉の最終段階で、十分検討されることなくドラフトされることもあるが、いざ紛争が発生したときになってから適用される仲裁規則を読んで、遠隔地での仲裁を強いられるといった不利を悟ることがないように、事前のチェックを怠らないようにしなければならない。

(4)「商事仲裁規則」の迅速仲裁手続によって仲裁を行う場合の仲裁条項

All disputes, controversies or differences arising out of or in connection with this Agreement shall be finally settled by arbitration in accordance with the expedited arbitration procedures of the Commercial Arbitration Rules of The Japan Commercial Arbitration Association. The place of the arbitration shall be Tokyo, Japan.	この契約から又はこの契約に関連して生ずることがあるすべての紛争、論争又は意見の相違は、一般社団法人日本商事仲裁協会の商事仲裁規則の迅速仲裁手続に従って仲裁により最終的に解決されるものとする。仲裁地は東京（日本）とする。

解説

　商事仲裁規則第2編に定める迅速仲裁手続によって仲裁を行う場合の仲裁条項である。迅速仲裁手続は、原則、3億円以下の紛争を処理するために使われる仲裁手続である。仲裁人は1人で、仲裁廷の成立日から6か月以内に仲裁判断をするよう努めることとされている。一般に小額紛争に利用される手続であるが、高額紛争であっても、例えば、金銭消費貸借契約に関連する紛争など、主張・立証が比較的容易な事件にも適していると思われる。

(5) 仲裁人の要件や数を規定する仲裁条項

All disputes, controversies or differences arising out of or in connection with this Agreement shall be finally settled by arbitration in accordance with the Commercial Arbitration Rules of The Japan Commercial Arbitration Association. The place of the arbitration shall be Tokyo, Japan. (i) The arbitrator shall be in possession of qualification of a lawyer in Japan. (ii) The number of the arbitrators shall be ( ).	この契約から又はこの契約に関連して生ずることがあるすべての紛争、論争又は意見の相違は、一般社団法人日本商事仲裁協会の商事仲裁規則に従って仲裁により最終的に解決されるものとする。仲裁地は東京（日本）とする。(i) 仲裁人は日本の弁護士資格を有する者とする。(ii) 仲裁人の数は、（　）人とする。

(i) 仲裁人の要件

　当事者は仲裁条項において仲裁人の要件を自由に定めることができるが、現実的に選任が可能な要件を規定する必要がある。極端な例として、JCAA は、過去に、①フランスの弁護士資格を有し、②日本語で仲裁手続を行うことができ、③国際的な建設紛争に 10 年以上の経験がある者、という要件を定めてもよいかとの問い合わせを受けたことがある。もちろん、これらの条件を仲裁人の要件として定めることは可能であるが、現実的に、これらすべての要件を満たす仲裁人を探すことは極めて困難であると思われる。日本の仲裁法 18 条 1 項 1 号は、当事者の合意により定められた仲裁人の要件を具備しないことを忌避の原因として挙げている。特別の要件を仲裁条項に盛り込む際は、実際に機能するか否かをよく検討しなければならない。

(ii) 仲裁人の数

　一般に、仲裁実務では、仲裁人の意見が分かれて手続が行き詰まらないようにするために、1 人又は 3 人とされ、3 人の場合には両当事者が各 1 名を選任し、そうして選任された 2 名の仲裁人が 3 人目の仲裁人を選任することとされている。仲裁人の数は、当事者の合意によって定めることができるため、仲裁条項のドラフティングの際に、仲裁人の数を予め規定するか否か、規定する場合には何人と規定するかが問題となる。

　一見すると、1 人より 3 人のほうが、より慎重な判断を期待することができ、何より、自ら選任した仲裁人を仲裁廷の中に送り込むことできるのでよさそうに思われる。しかし他方で、単純に 3 倍の仲裁人報償金及び仲裁人経費を要する。手続期間についても、各仲裁人の都合の調整や合議の時間がかかるため、単独仲裁人による仲裁手続より、長い期間がかかる。

　仲裁人の数を決める上で、もっとも重要なことは、発生し得る紛争の規模と複雑さの予測である。JCAA 仲裁では、過去に、2000 万円〜 3000 万円程度の請求金額の単純な事件で、仲裁条項に仲裁人の数が 3 人と規定されていたため、3 人で仲裁廷を構成し、手続を実施した例がある。この事件では仲裁人の数は 1 人で十分であったと思われる。

　高額で複雑な紛争の発生が予想されるということであれば、仲裁人の数を 3 人と定める仲裁条項とすることでもよいが、そのような予測が立たない場合には、仲裁人の数は規定しないほうがよい。当事者間に仲裁人の数について合意がない場合には、商事仲裁規則 26 条 1 項により、その数は 1 人となる。これは、当事者が 2 人の場合であって仲裁人の数について合意ができないときは、仲裁人の数は 3 人とすると定める仲裁法 16 条 2 項の適用を排除する合意として有効である。そして、商事仲裁規則 26 条 3 項により、いずれの当事者も、被申立人が仲裁申立ての通知を受領した日から 4 週間以内に、JCAA に対し、仲裁人の数を 3 人とすることを書面により求めることができ、この場合において、JCAA は紛争の金額、事件の難易その他の事情を考慮し、これを適当と認めたときは、仲裁人は 3 人とすることができる。

　したがって、契約から発生する紛争の規模と複雑さの予測が困難な場合には、仲裁人の数は定めず、その数の決定を JCAA にお任せいただくことをお勧めする。

（6）仲裁手続の言語を規定する仲裁条項

All disputes, controversies or differences arising out of or in connection with this Agreement shall be finally settled by arbitration in accordance with the Commercial Arbitration Rules of The Japan Commercial Arbitration Association. The place of the arbitration shall be Tokyo, Japan. <u>The arbitral proceedings shall be conducted in Japanese.</u>

この契約から又はこの契約に関連して生ずることがあるすべての紛争、論争又は意見の相違は、一般社団法人日本商事仲裁協会の商事仲裁規則に従って仲裁により最終的に解決されるものとする。仲裁地は東京（日本）とする。<u>仲裁手続は日本語によって行なう。</u>

解説

　当事者は仲裁手続の言語（以下「手続言語」）を自由に定めることができる。例えば、「商事仲裁規則」や「インタラクティヴ仲裁規則」に基づく仲裁手続では、当事者間に、手続言語を定める合意がない場合には、仲裁廷が手続言語を決定する。仲裁廷は、手続言語の決定に当たり、仲裁合意を規定する契約書の言語、通訳及び翻訳の要否並びにその費用その他の関連する事情を考慮しなければならないとされている。一般に、国際契約書は英語で作成されていることが多く、その結果、手続言語の合意がない場合には、英語が手続言語となっている。日本企業にとって、英語で手続を実施することは負担が大きいため、日本語で仲裁手続を行ないたい場合には、予めその旨を仲裁条項に定めておく必要がある。

　仲裁条項で、たとえば「仲裁手続は英語及び日本語による。」といったように、複数の仲裁手続の言語を規定することもできる。しかし、これは実務的には問題が発生しやすく、費用や労力も大きい。というのは、上記の条項例によれば、日本語だけで書面を提出することができるのか、それとも日本語と英語の両方の言語で書面を提出しなければならないのかが定かではないからである。仮に、日本語の書面だけで、よいとされる場合であっても、仲裁廷の中に英語しか理解できない仲裁人がいる場合には、結局、英語の書面も提出せざるを得なくなる。したがって、日本語と英語のいずれの言語でも手続を行なえるようにするためには、仲裁人は両方の言語を問題なく使いこなせることを要件とするといった定めもしておくのが望ましいということになる。たとえば、次のような条項である。

The arbitral proceedings shall be conducted in Japanese or English. The Arbitrator shall be competent to conduct the arbitral proceedings in both Japanese and English.

仲裁手続は日本語又は英語によって行なう。仲裁人は、日本語および英語で仲裁手続を行なえなければならない。

しかし、そのような言語能力を有する適任者の絶対数は少なく、仲裁人選任作業が難航することが想定される。このように、複数の手続言語も定めるという条項は注意を要する。

（7）仲裁費用の負担を定める仲裁条項

All disputes, controversies or differences arising out of or in connection with this Agreement shall be finally settled by arbitration in accordance with the Commercial Arbitration Rules of The Japan Commercial Arbitration Association. The place of the arbitration shall be Tokyo, Japan.
<u>The losing party shall bear the arbitrator's remuneration and expenses, the administrative fee and other reasonable expenses incurred with respect to the arbitral proceedings (hereinafter the "Arbitration Cost"). In the case where a part of claims is admitted, the Arbitration Cost shall be borne in accordance with the determination of the arbitral tribunal at its discretion. The parties shall each bear their own costs as well as counsels' and other experts' fees and expenses in the arbitral proceedings.</u>

この契約から又はこの契約に関連して生ずることがあるすべての紛争、論争又は意見の相違は、一般社団法人日本商事仲裁協会の商事仲裁規則に従って仲裁により最終的に解決されるものとする。仲裁地は東京（日本）とする。
<u>仲裁人報償金、仲裁人経費、管理料金、その他の仲裁手続のための合理的費用（以下「仲裁費用」）は、敗れた当事者が負担する。請求の一部のみが認められた場合における各当事者の仲裁費用の負担は、仲裁廷が、その裁量により定める。各当事者は、仲裁手続における当事者自身の費用並びに代理人その他の専門家の報酬及び経費を負担する。</u>

商事仲裁規則80条1項では、仲裁手続の費用として、①仲裁人報償金、仲裁人経費、管理料金、その他の仲裁手続のための合理的な費用のほか、②当事者が負担する代理人その他の専門家の報酬及び経費をあげており、同条2項で仲裁人が、当事者の負担割合を決定すると定めている。仲裁は当事者自治に基づく手続であるので、仲裁手続の費用負担についても当事者が定めることができる。JCAA仲裁の過去の例をみると、仲裁手続のために当事者が負担するコストの8割から9割は代理人への報酬及び経費の支払いである。なお、代理人の報酬は中小の法律事務所より大手事務所、日本の法律事務所より外国の法律事務所の方が高額であるのが通常である。

条項例では、上記の①については、敗れた当事者が仲裁費用を負担することとし、一部の請求が認められた場合（部分的に敗れた場合）には仲裁廷が裁量で各当事者の負担を決定すると定め、②については各当事者が自分自身の費用並びに代理人その他の専門家の報酬及び費用を負担すると定めている。

(8) 多層的紛争解決条項

The parties shall attempt to negotiate in good faith for a solution to all disputes, controversies or differences arising out of or in connection with this Agreement (hereinafter referred to as "disputes").

If the disputes have not been settled by negotiation within [two] weeks from the date on which one party requests to other party for such negotiation, the parties shall attempt to settle them by mediation in accordance with the Commercial Mediation Rules of the Japan Commercial Arbitration Association (hereinafter referred to as "JCAA"). The parties shall conduct the mediation in good faith at least [one] month from the date of filing.

If the disputes have not been settled by the mediation, then they shall be finally settled by arbitration in accordance with the Commercial

当事者は、この契約から又はこの契約に関連して生ずることがあるすべての紛争、論争又は意見の相違（以下、「紛争」という）の解決のために、誠実に協議するように努めなければならない。

一方の当事者が相手方の当事者に対し、協議の要請を行った日から[2]週間以内に、協議によって紛争が解決されなかったときは、当事者は一般社団法人日本商事仲裁協会（以下、「JCAA」という）の商事調停規則に基づく調停を試みるものとする。当事者はその申立ての日から少なくとも[1]カ月、誠実に調停を行わなければならない。

上記の調停によって紛争が解決されなかったときは、紛争はJCAAの商事仲裁規則に従って仲裁により最終的に解決されるものとする。仲裁地は東京（日本）とする。

<table>
<tr><td>

Arbitration Rules of the JCAA. The place of the arbitration shall be Tokyo, Japan.

</td><td>

</td></tr>
</table>

【解説】

　仲裁費用の高額化や仲裁手続の長期化の懸念から、その解決策の1つとして、当事者に仲裁手続を開始する前に、交渉や調停によって紛争解決を試みることを義務づける手続が採用されることがある。上記の「多層的紛争解決条項」では、紛争が生じた場合には、まず初めに、当事者は誠実な「交渉」による解決を試みて、それにより解決ができなかった場合には、次に中立的な第三者を介した交渉である「調停」を利用し、それでもなお、紛争の解決に至らない場合には、最終的に、強制的な手続である「仲裁」で解決するという段階的な紛争解決手続となっている。

　多層的紛争解決手続において注意すべきことは、交渉や調停の手続が、紛争を解決したくない当事者に、遅延策として利用されないように、予め手続期間を決めておく必要がある（上記の多層的紛争解決条項において少なくとも1か月は調停を行うことを義務付けているが、この期間を定めていない場合にはJCAAの商事調停規則には期間の定めがあり、それは当事者が別段の合意をしない限り3か月となっている）。

　また、多層的紛争解決手続では、相手方が誠実に交渉によって解決する姿勢がある場合には効果が期待されるが、現実に紛争が発生した場合に協議や調停による解決が期待できないこともあり得るので、期間を余り長く設定していると、その期間、最終的な解決手段である仲裁を開始できないことになってしまうので、ドラフティングの際にはそのことも考慮する必要がある。

(9) 交差型仲裁条項（クロス条項）

<table>
<tr><td>

All disputes, controversies or differences arising out of or in connection with this Agreement shall be finally settled by arbitration. If arbitral proceedings are commenced by X (foreign corporation), arbitration shall be held pursuant to the Commercial Arbitration Rules of The Japan Commercial Arbitration Association and the place of arbitration shall be Tokyo, Japan; if arbitral proceedings are commenced by Y (Japanese corporation), arbitration shall be held

</td><td>

　この契約から又はこの契約に関連して、当事者の間に生ずることがあるすべての紛争、論争又は意見の相違は、仲裁により最終的に解決されるものとする。X（外国法人）が仲裁手続を開始するときは、一般社団法人日本商事仲裁協会の商事仲裁規則に基づき仲裁を行い、仲裁地は東京（日本）とする。Y（日本法人）が仲裁手続を開始するときは、（仲裁機関の名称）の（仲裁規則の名称）に基づき仲裁を行い、仲裁地は（外国の都市名）とする。

　当事者の一方が上記の地のうちの一においてその仲裁機関の規則に従って仲裁手続

</td></tr>
</table>

pursuant to (the name of rules) of (the name of arbitral institution) and the place of arbitration shall be (the name of the city in foreign country).

Once one of the parties commences arbitral proceedings in one of the above places in accordance with the rules of the respective arbitral institution, the other party shall be exclusively subject to the arbitral proceedings and shall not commence any arbitral proceedings as well as court proceedings. The time receipt of the request for arbitration by the arbitral institution determines when the arbitral proceedings are commenced.

を開始した場合には、他方の当事者はその仲裁手続に排他的に服し、他の仲裁手続も訴訟手続も開始してはならない。その仲裁機関によって仲裁申立てが受領された時をもって、仲裁手続がいつ開始したかを決定する。

解説

　交差型仲裁条項は仲裁の相手方（これを通常、仲裁の被申立人という）の所在地を仲裁地として仲裁手続を行うことを定める仲裁条項である。被告地主義仲裁条項やFinger pointing clauseとも呼ばれている。相手方の仲裁機関は通常、相手国の仲裁機関が規定される。この仲裁条項の場合、相手方が契約違反をした場合、相手国で仲裁を行うことになるので、相手方が契約違反をする危険性が高い場合には注意が必要である。また、理論的には、仲裁申立てを受けた当事者が、反対請求の申立てではなく、別途、相手国において仲裁を申し立てる可能性があるため、そのような事態を避けるためには、一つの仲裁手続が開始した場合には、別の仲裁手続を開始することはできない旨の定めも合わせて規定しておくことがより望ましい。

（10）準拠法条項と仲裁条項

1. This contract shall be governed by and construed under the laws of Japan.
2. All disputes, controversies or differences arising out of or in connection with this Agreement shall be finally settled by arbitration in accordance with the Commercial

1. この契約は日本法に準拠し、解釈されるものとする。
2. この契約から又はこの契約に関連して生ずることがあるすべての紛争、論争又は意見の相違は、一般社団法人日本商事仲裁協会の商事仲裁規則に従って仲裁により最終的に解決されるものとする。仲裁地は東京（日本）とする。

Arbitration Rules of The Japan
Commercial Arbitration Association.
The place of the arbitration shall be
Tokyo, Japan.

解説

　契約の準拠法を定める条項は仲裁条項などの紛争解決条項とは別に定められることもあるが、上記のように、1項と2項として、両者をセットにして定められることもある。しかし、そもそも、この2つは異なる機能を果たすものであるので、以下のことを十分に認識しておくことが必要である。

　紛争解決条項は、紛争の発生に備えて定めるものであり、紛争が発生してはじめてその適用が問題になる。これに対して、準拠法条項は、紛争が発生するかしないかとは関係なく、契約がスムーズに履行されている間も、当事者間の権利義務及び法律関係の発生、効力、終了などを規律し続ける。

　JCAAへの相談事例として、被申立人の国での仲裁を行うことを定める「交差型仲裁条項」（上記（9））を採用するつもりであるところ、準拠法条項もこれと一体化させ、被申立人の国の法による旨を定めることにしてよいか、とのご質問を受けたことがある。仲裁条項を交差型にするのは、仲裁申立てをする際のハードルを上げ、申立てに踏み切る前の和解交渉や調停が促進されるという効果を期待することができる。

　しかし、準拠法条項をそれに合わせて交差型にしてしまうと、仲裁申立てをいずれの当事者が行うかによって、準拠法が違うということになるので、仲裁申立てがあるまでは準拠法は定まっていないことになる。そうすると、契約は果たして成立しているのか、契約不履行が発生しているのかといった問題について、仲裁申立てまでは準拠法が決まらず、したがって、一義的な答えが得られないことになり、混乱が生ずることになる。準拠法条項と仲裁条項との役割を正しく理解していれば、交差型の準拠法条項はあり得ないことである。

　なお、準拠法条項について付言すると、当事者間で合意すれば準拠法を定めることができるということは、法の適用に関する通則法7条により、特に仲裁による解決の場合には仲裁法36条により定められている。もっとも、それはあくまで契約問題についてであり、会社の代表権には会社設立準拠法が、担保物権には担保目的物の所在地法（債権を目的とする場合にはその債権の準拠法）が適用される等、契約以外の問題については問題に応じて異なる準拠法が適用されることになります。また、代理店の保護規制とか、競争法（独禁法）等の公法上の問題も、準拠法条項では如何ともし難く、複数の国の公法の適用範囲に入っていれば、複数の国の公法の適用もあり得る。

　また、契約問題に限ってみても、安易に契約相手の国の法によることに合意してしまうと、契約書のチェックの段階から紛争の場面まで全ての局面で当該国の弁護士に相談しなければならなくなり、時間とコストがかかることにも注意が必要である。

「そのまま使えるモデル英文契約書シリーズ」のご案内

書名	版型	ISBN コード	本体価格
そのまま使えるモデル英文契約書シリーズ 委託販売契約書（CD-ROM 付）	B5 版	978-4-910250-00-7	¥2,000
そのまま使えるモデル英文契約書シリーズ 委託加工契約書（CD-ROM 付）	B5 版	978-4-910250-01-4	¥2,000
そのまま使えるモデル英文契約書シリーズ 購入基本契約書（CD-ROM 付）第二版	B5 版	978-4-910250-15-1	¥2,000
そのまま使えるモデル英文契約書シリーズ 販売基本契約書（CD-ROM 付）第二版	B5 版	978-4-910250-12-0	¥2,000
そのまま使えるモデル英文契約書シリーズ OEM（委託者側）製品製造供給契約書【輸入用】 （CD-ROM 付）	B5 版	978-4-910250-03-8	¥2,000
そのまま使えるモデル英文契約書シリーズ OEM（製造者側）製品製造供給契約書【輸出用】 （CD-ROM 付）	B5 版	978-4-910250-04-5	¥2,000
そのまま使えるモデル英文契約書シリーズ 総代理店契約書【輸入用】（CD-ROM 付）第二版	B5 版	978-4-910250-16-8	¥2,000
そのまま使えるモデル英文契約書シリーズ 総代理店契約書【輸出用】（CD-ROM 付）第二版	B5 版	978-4-910250-17-5	¥2,000
そのまま使えるモデル英文契約書シリーズ 合弁契約書（CD-ROM 付）	B5 版	978-4-910250-07-6	¥2,000
そのまま使えるモデル英文契約書シリーズ 実施許諾契約書【許諾者用】（CD-ROM 付）	B5 版	978-4-910250-08-3	¥2,000
そのまま使えるモデル英文契約書シリーズ 実施許諾契約書【被許諾者用】（CD-ROM 付）	B5 版	978-4-910250-13-7	¥2,000
そのまま使えるモデル英文契約書シリーズ 秘密保持契約書・共同開発契約書（CD-ROM 付） 第二版	B5 版	978-4-910250-14-4	¥2,000
そのまま使えるモデル英文契約書シリーズ 技術ライセンス契約書【中国語版付】（CD-ROM 付）	B5 版	978-4-910250-10-6	¥2,000